Inken Weiand

ALFI DER CHAOT

Das peinliche Tagebuch des A.W.

Brendow

Verlag | Alles, was Sinn macht!

Bibliografische Information der Deutschen Nationalbibliothek
Die Deutsche Nationalbibliothek verzeichnet diese Publikation in der Deutschen Nationalbibliografie; detaillierte bibliografische Daten sind im Internet über http://dnb.d-nb.de abrufbar.

ISBN 978-3-86506-675-6

Einbandgestaltung: Brendow Verlag, Moers
Titelmotiv und Innenillustrationen: Inken Weiand
Satz: Brendow Web & Print, Moers
Druck und Verarbeitung: CPI – Clausen & Bosse, Leck
Printed in Germany

www.brendow-verlag.de

Donnerstag, 26.2.

Hi ihr! Wenn ich mich mal kurz vorstellen darf: Ich bin Alfi, der Chaot. Um es gleich zu sagen: Ich bin ein ziemlicher Loser. Loser nicht wie Schraube lose, sondern wie „Loser" – Verlierer, Katastrophenanzieher, ewiger Lächerlichmacher. Wie ich eben.

Meine Eltern haben mir diese Kladde gegeben. Darin soll ich für die Schule üben oder Tagebuch schreiben – typisch elterliche Beschäftigungstherapien, wie jeder zugeben wird. Ich habe nach reiflicher Überlegung beschlossen, dass Tagebuch schreiben das kleinere Übel ist.

Also erkläre ich die Kladde hiermit zum Tagebuch und schreibe hinein.

Freitag, 27.2.

Wozu mir einfällt: Ich müsste auch meine Sippe mal vorstellen.

Das gehört sich doch wohl so.

Also: Das rechts ist meine Ma. Sie ist ein absoluter Hammer.

Sie programmiert beruflich – als Frau. Und sie kann nicht nur den Kochlöffel, sondern noch viel besser Schlagbohrer und Dübel und Kreissägen bedienen. Und Hämmer natürlich.

Das links ist mein Pa. Der ist handwerklich genauso unbegabt wie ich. Nur, dass er ansonsten ein ziemlicher Freak ist. Er ist Prediger bei uns in der Gemeinde und nebenbei noch Relilehrer. Zum Glück nicht an meiner Schule.

Und dann haben wir noch meine Schwester Betti, hier künstlerisch wertvoll in der Mitte dargestellt. Sie hat schon diverse Reitwettbewerbe gewonnen und schreibt in der Schule eine Eins nach der anderen. Genie pur, würde ich mal sagen. Leider an meiner Schule.

Ich hingegen? Ich habe leider heute mal wieder eine Sechs im Vokabeltest zurückbekommen. Schade auch.

Samstag, 28.2.

Hab heut mal wieder eine meiner typischen Losernummern abgeliefert. Ich bin gerade dabei, zu spielen, ich sei ein Gitarrensuperstar – auf dem Schreibtisch, mit Gitarre ausgestöpselt, damit meine Eltern nichts mitbekommen – da fängt meine Ma an zu bohren.

Nichts Ungewöhnliches übrigens. Meine Ma liebt Heimwerkertätigkeiten aller Art.

Nach einer Weile ruft Ma nach mir.

Schon ungewöhnlicher.

Ich also noch schnell meinen Song zu Ende gerappt, unendlichen, ekstatischen Applaus meiner unsichtbaren Fans entgegengenommen, vom Tisch geklettert, Gitarre weggelegt.

Währenddessen ruft Ma geschätzte zwanzigmal weiter.

Ich schlurfe also zu ihr hin. Sie steht auf der Leiter, in der einen Hand eine Lampe, in der anderen den Bohrer. Sie fragt, warum ich so trödele.

Ich sage, ich trödele nicht.

Doch.

Nein.

Doch.

Na ja. Irgendwann sieht sie wohl ein, wie fruchtlos die Debatte ist. Sie bittet mich dann, die großen Hohlraumdübel vom Küchentisch zu holen.

Ich gehe also in die Küche. Auf dem Tisch liegt ein ganzes Sammelsurium von Zeug. Ich habe natürlich keine Ahnung, wie Hohlraumdübel aussehen. Erst recht nicht, wie große Hohlraumdübel aussehen.

Ich greife also irgend so ein Päckchen und bringe es Ma vorbei.

Ma: „Das sind Wandhaken, Alfi! Bring mir die Hohlraumdübel!"

Ich schlurfe langsam zurück, lege die Wandhaken wieder hin und schnappe mir das nächste Päckchen. Eile in gesteigertem Tempo wieder zu Ma zurück.

Ma: „DIE HOHLRAUMDÜBEL!"

Ich wieder zurück in die Küche. Ich habe echt keine Lust,

noch lauter angeschrien zu werden, und versuche nun also, die Inschriften zu entziffern, die auf den Kästchen stehen. Nicht einfach übrigens. Winzig klein und zum Teil zerrissen.

Schließlich nehme ich alle Kästchen, auf denen keine Inschrift ist, mit.

Ma: „WO BLEIBST DU DENN?"

Ich: „Welches sind die Hohlraumdübel?"

Ma: „Reich mir einen an. In dem blauen Kästchen!"

Ich versuche, gleichzeitig das blaue Kästchen zu öffnen, die anderen - ungefähr zwanzig - Kästchen festzuhalten, eines von den seltsamen ufoartigen Teilen herauszunehmen und Ma anzureichen, die, wie bereits gesagt oben auf der Leiter steht.

Die Sache geht schief.

Na ja, war ja nicht anders zu erwarten. Immerhin fällt Ma nicht von der Leiter. *Hey, Gott, wofür hast du eigentlich so etwas wie Hohlraumdübel erfunden?*

Sonntag, 1.3.

Einer jener Tage, an denen man sich fragt, wozu es eigentlich Sonntage gibt. Morgens bin ich viel zu früh aus dem Bett gejagt worden, dann hatte ich noch nicht einmal mehr Zeit, ordentlich zu frühstücken vor der Kirche.

Anschließend hatte ich eine Debatte mit den Eltern über den Sinn des Kirchgangs. Pa meinte, er diene als geistliche Nahrung für die Woche und ließ mein Argument nicht gelten, ich wolle mir stattdessen körperliche Nahrung für den Tag zuführen.

Ma meinte, der Gottesdienst sei zur Ermutigung gedacht. Na ja. Siehe unten.

Ich begab mich also mit meiner Sippe zur Kirche. Für den Kindergottesdienst bin ich eindeutig zu erwachsen, habe einfach keine Lust auf Liedchen und ‚Gott hat dich lieb, immer, immer, immer' und Bildermalen. Obwohl mich die alte KiGo-Tante ja noch jeden Sonntag fragt, ob ich nicht zu den Kindern kommen will.

Heute wäre ich mal besser dorthin gegangen übrigens. Na, zu spät.

Der Pastor hielt eine Predigt über das Gleichnis mit den Pfunden. Der Typ mit den meisten Pfunden ist überhaupt der Tollste, der mittlere geht noch, und der mit den wenigsten ist der Loser per se. Obwohl er ja immerhin ein Pfund hat.

Ich flüsterte Pa, der neben mir saß, zu, was eigentlich mit denen wäre, die überhaupt kein Pfund bekommen hätten. Pa flüsterte zurück, ich solle ihn hinterher fragen.

Nach dem Gottesdienst wollte er dann von mir wissen, was ich eben gefragt hätte. Ich hatte die Sache schon wieder halb verdrängt, aber dann fiel es mir wieder ein. „Was ist eigentlich mit denen, die noch nicht einmal ein Pfund verliehen bekommen haben? Die Totalloser eben? So wie ich?"

Pa sah mich an. „Du bist kein Totalloser. Du hast auch eine Begabung. Du hast sicher ein Pfund."

„Aha. Und welches soll das sein?"

Mit der Frage brachte ich Pa echt in Verlegenheit. Er sah sich hilflos nach Ma um, die aber gerade mit Frau Hasenberg redete. Dann stotterte er irgendetwas von inneren Werten.

Deprimierend, das Ganze.

Hey, Gott, wozu hast du eigentlich die Totalloser erfunden? Und wenn es schon sein muss: Warum muss dann ausgerechnet ich einer von ihnen sein?

Montag, 2.3.

Schule. Schule ist wie immer, deprimierend und alles das, was dazugehört. Heute wurden wir Vokabeln abgefragt, und natürlich konnte ich mal wieder fast überhaupt nichts. Woher soll ich auch wissen, was „chicken flavour" heißt? Ich schwieg vor mich hin, während ich krampfhaft nachdachte.

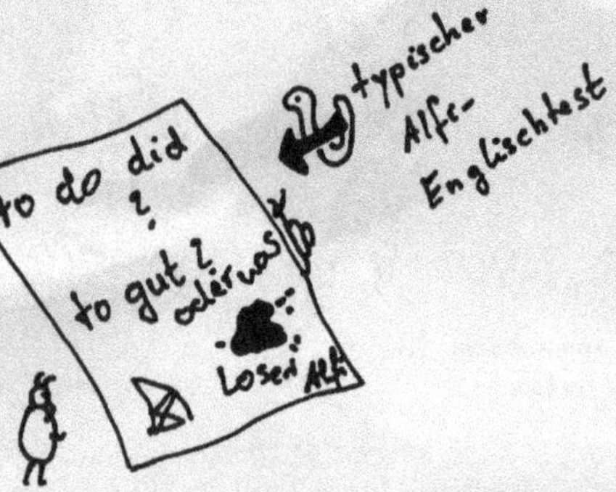

Da flüsterte mir mein Sitznachbar Jens eine Lösung zu: „Currywurst!"

„Currywurst", sagte ich erleichtert.

Die Klasse prustete los, die Heinrichs sah mich pikiert an. „Currywurst" war falsch gewesen.

Dienstag, 3.3.

Bei mir ist mal wieder Holland in Not! Betti hat mir vorhin ein Fotobuch gezeigt, mit Gedichten – von ihr selber geschrieben – und Fotos unserer Familie im letzten Urlaub. Für Ma zum Geburtstag.

Meine Güte, beinahe hätte ich den Geburtstag meiner eigenen Mutter vergessen! Dabei ist es doch eigentlich die Pflicht eines guten Sohns, seiner Mutter etwas Originelles und Liebevolles zum Geburtstag zu schenken. Nur was?

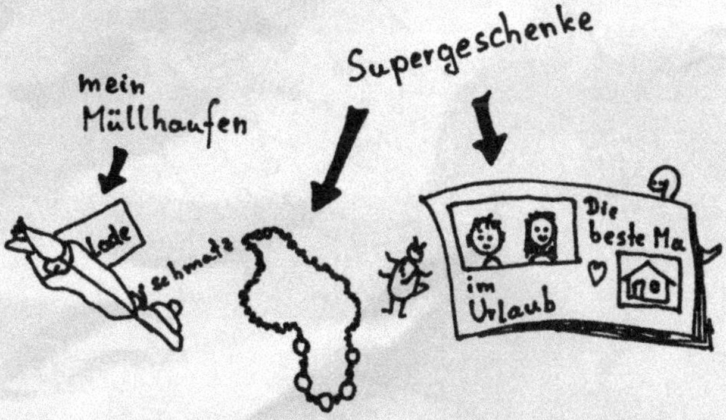

Von Pa bekommt sie ein Schmuckstück, von Betti das Fotobuch. Wie soll ich daneben bestehen?

Ganz egal, was ich mache: Es wird aussehen wie ein Haufen Müll neben den Geschenken der beiden anderen ...

Hey, Gott, gib mir eine Idee!

Mittwoch, 4.3.

Was schenke ich bloß meiner Mutter? Mein Taschengeld ist leider vorübergehend vollständig aufgebraucht wegen akuten Bedarfs an Cola und einer CD der Band „die Dummis", die sich allerdings im Nachhinein als Fehlkauf herausgestellt hat. Ob sich meine Mutter über eine Dummi-CD freut?

Donnerstag, 5.3.

Ich habe heute in der Schule ein paar Jungs gefragt, was sie ihrer Mutter zum Geburtstag schenken.

Cedric schenkt seiner Mutter gar nichts. Andreas tut sich mit seiner Schwester zusammen. Ansgar besorgt Pralinen.

Na klasse. Meine Schwester hat schon etwas, und über Pralinen freut sich Ma bestimmt nicht.

Zu dumm! Übermorgen hat sie Geburtstag!

Hey, Gott, jetzt ist wirklich deine Hilfe gefragt, was diesen Geburtstag angeht!

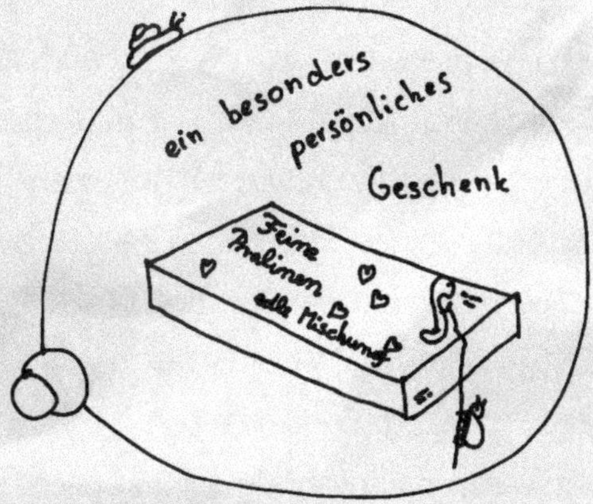

Freitag, 6.3.

Habe eine Umfrage in der Jugendgruppe gestartet. Johannes macht Laubsägearbeiten für seine Mutter, Bertram macht ihr ein Gutscheinheft, und Karlchen hat eine Decke gestickt.

Du meine Güte, wenn ich säge, dann kommt meine Ma sofort an mit dem Erste-Hilfe-Kasten! Und das mit Recht, wegen einschlägiger Erfahrungen. Als ich damals das Vogelhäuschen bauen wollte, konnte ich danach zwei Wochen nicht mehr schreiben, weil ich mir in den Daumen gesägt und der sich entzündet hatte! Ob sich Ma darüber freut?

Ansonsten brachte Christian, unser Jugendleiter, in der Jugendgruppe ein Faltblatt mit, in dem Gruppen aus Kirchengemeinden eingeladen wurden, an einem Theaterwettbewerb teilzunehmen. Das Ganze nannte sich „Junge Menschen nähern sich Glaubenshelden". Christian wedelte die ganze Zeit mit dem Blatt herum, bis endlich die ersten neugierig geworden waren und guckten.

Die Mädels waren natürlich alle sofort begeistert, allen voran mein Schwesterchen Betti. Sicher sahen sie sich alle schon in einer Hauptrolle, umjubelt und beklatscht.

Ich bin da eher realistisch. Wahrscheinlich darf ich den

dritten Baum von links spielen – zumindest, wenn ein Baum vorkommt.

Na ja, mal sehen ... Im Moment ist Ma's Geburtstag akuter.

Samstag, 7.3.

Ma's Geburtstag. Ein bisschen peinlich, das Ganze. Ich bin heute morgen doch noch mit dem Fahrrad losgefahren, um Pralinen für das Geburtstagskind zu holen, habe dafür Kredit bei meinem Vater bekommen. Betti hat mit ihrem Fotobuch natürlich den Vogel abgeschossen, aber Ma hat sich auch über die Pralinen gefreut – zumindest tat sie so.

Nachmittags kam dann Besuch von Tante Maibritt mit ihren Töchtern. Ich sollte mit den Kleinen spielen, weil Betti in der Küche half und danach für die Schule lernte. Ich überlegte eine Weile, auch für die Schule zu lernen, hockte mich dann aber doch mit den Kleinen hin und überlegte, was wir spielen könnten.

Als wir gerade beschlossen hatten, Räuberbande zu spielen, erschien Tante Maibritt und erklärte, so etwas komme nicht in Frage, ihre Kinder würden nach christlichen Werten erzogen.

Nach kurzer Beratung wichen wir auf den barmherzigen Samariter aus. Ich bekam aber trotzdem Ärger. *Hey, Gott, das ist doch wohl ziemlich ungerecht, oder?*

Sonntag, 8.3.

Mal wieder Kirchgang. Mit der Familie. Ma stöhnte entsetzlich, sie habe so viel zu tun, allein mit dem Aufräumen der Fete gestern und überhaupt, da bot ich ihr an, den Kuchen zu backen.

Das war keine gute Idee.

Diese Backrezepte zu lesen ist eine Kunst für sich. Was bedeutet „schwer reißend vom Löffel fallen"?

Na ja, dann hab ich mich noch ein wenig verrechnet. Ich konnte Milliliter und Liter noch nie auseinanderhalten. Der Kuchen war klitschig und kritschesüß. Ma aß trotzdem ein Stück und danach zwei Magentabletten. Den Rest sah ich später in der Mülltonne …

Montag, 9.3.

Mathearbeit zurück. O-Ton Frau Groß: „Da habe ich mich aber gefreut, Alfi. Diesmal war es eine *gute* Fünf!" *Gott, bist du etwa Sadist?*

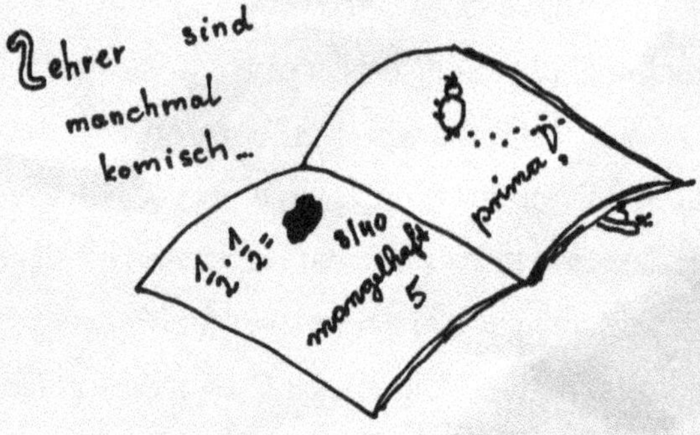

Dienstag, 10.3.

Pa, seines Zeichens einer der Prediger unserer Gemeinde, meinte heute, er habe darüber nachgedacht. Ganz bestimmt hätte ich auch ein Pfund von Gott verliehen bekommen, auch wenn es schwierig sei, dies zu entdecken. Und ob ich nicht in der Gemeinde mitarbeiten wolle. Ehrenamtlich. Solche Menschen wie mich brauche man dort.

„Menschen mit nicht erkennbaren Pfunden?", fragte ich verwirrt.

Pa kratzte sich am Kopf. „Menschen mit Einsatz und

Herz", murmelte er schließlich. Und fragte dann noch mal, ob ich bereit wäre, mitzuhelfen.

Ich erklärte ihm, von mir aus gerne, aber es geschehe auf seine Verantwortung.

Da sagte er, es würden für Samstag noch Leute gebraucht, die die Stühle stellen für eine Kinderveranstaltung.

Ahaaa ... *Hey, Gott, meinst du wirklich, dass das mein Pfund ist? Stühle stellen? Ich hätte lieber etwas Cooleres ...*

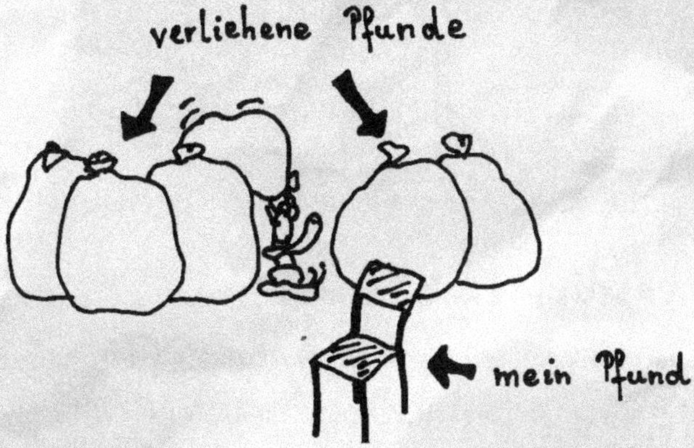

Mittwoch, 11.3.

Ob ich in dem Theaterstück eine Rolle bekomme?

Bestimmt, sagt Pa. Betti blickt bedenklicher drein.

Hoffentlich nicht einen Baum.

Donnerstag, 12.3.

Es hat ein wenig Stunk gegeben wegen der Fünf in Mathe, nachdem ich sie denn heute doch zur Unterschrift vorgelegt habe. Ma hat losgezetert, Pa hat geschimpft, und Betti hat erklärt, ich sei einfach blöd. Wobei ich ihr da nur zustimmen kann. Ich bin eben zu blöd für Mathe.

Hab mir die Sache eine Weile angehört und bin dann Gitarre spielen gegangen. Ohne Stöpsel, damit die Eltern nichts mitbekommen. Zur Dummi-CD. Der Name „Dummi" passt zu mir, finde ich.

Freitag, 13.3.

Jugendgruppe. Christian hat „David und Goliath – ein geistliches Heldenstück" für uns ausgesucht, weil es so unheimlich gut zu unserer Gruppe passt und so unheimlich viel Tiefgang hat. Und weil es so unheimlich toll zum Thema des Wettbewerbs passt.

Das teilte er uns direkt am Anfang mit.

Dann erzählte er uns, was in dem Stück vorkommt. Keine große Überraschung, wenn man mich fragt: Goliath verspottet Sauls Krieger; David kommt und wundert sich; David besinnt sich darauf, dass das nicht geht; David bekommt eine Rüstung und ein Schwert und kommt damit nicht zurecht; David nimmt seine Schleuder und haut Goliath um.

Alle wollten natürlich sofort David spielen. Mir war schon klar, dass ich höchstens auf eine kleine Rolle hoffen durfte. Also meldete ich mich für Saul, aber die Rolle bekam Markus. Ich meldete mich für Soldat eins, zwei und drei, aber die Rollen bekamen andere. Ich meldete mich sogar für Goliath, aber die Rolle wurde für Bertram reserviert. Ich meldete mich für Davids Brüder, aber Christian übersah mich einfach und erklärte, dafür finde sich schon jemand.

Ich überlegte gerade, ob ich vielleicht plötzlich unsichtbar geworden sei, aber da sprang Betti – sie darf übrigens Sauls Tochter Michal spielen – plötzlich für mich ein und sagte, warum ich einfach ignoriert würde, das sei voll unchristlich.

Christian schien mich jetzt erst zu bemerken, fuhr sich verlegen durch das Haar, meinte, ich sei vielleicht unbegabt, überlegte dann und meinte, Pa habe auch schon so etwas gesagt, und wenn ich unbedingt wolle, könne ich Davids Bruder Eliab spielen. Aber nur, wenn es unbedingt sein solle.

Ich erklärte, es solle unbedingt sein. Und jetzt darf ich wahrhaftig Theater spielen. Einen der großen Krieger. Wow!

Danke, Gott!

Samstag, 14.3.

Ich hätte nicht gedacht, dass Stühlestellen eine so anspruchsvolle Aufgabe ist! Pa hatte mich ja angeworben, um 10 Uhr sollte ich erscheinen. Ich machte mich auch tatsächlich pünktlich auf den Weg, aber dann waren ein paar Ampeln rot, und ich traf Andrea aus meiner Klasse und musste mit ihr über das Wetter reden. Aber um zehn nach zehn war ich da.

Da rannte bereits Frau Hasenberg wie ein aufgescheuchtes Huhn herum und sagte, sie vermisse diejenigen, die die Stühle stellen sollten.

Ich erklärte, ich gehöre dazu. Da sagte sie, ich solle loslegen.

Ich: „Wie denn?"

Sie: „Na, in Reihen."

Ich: „Aha."

Ich nahm also den ersten Stuhl und stellte ihn irgendwohin. Den zweiten daneben. Und so weiter.

Als ich ungefähr hundert Stühle gestellt hatte, kam Frau Hasenberg wieder angerast.

Sie: „Wie hast du denn die Stühle gestellt?"

Ich: „Na, in Reihen."

Sie: „Aber wir brauchen sie ganz anders!"

Ich: „Wie denn?"

Sie: „Na, in Reihen quer dazu. In die andere Richtung eben."

Ich: „Aha."

Ich nahm also den ersten Stuhl und drehte ihn um. Den zweiten daneben. Und so weiter.

Irgendwann kam dann Frau Hasenberg wieder.

Ich: „Ist es richtig so?"

Sie: „Ja. Aber es sind zu viele Stühle."

Ich: „Wie bitte?"

Na ja, das Ende vom Lied war, dass ich die Hälfte der Stühle wieder wegräumte, bis sie endlich zufrieden war.

Und dann kam Otfried, unser Küster. Der sah sich den Raum mit hochgezogenen Augenbrauen an und fragte dann, welcher Volltrottel die Stühle gestellt habe.

Frau Hasenberg erklärte mit fester Stimme: „Dieser junge Mann da."

Worauf Otfried mir erklärte, nach Brandschutzrichtlinien müssten die Stühle auseinander und in die andere Richtung stehen.

Was ich Otfried erklärte, möchte ich hier nicht wiederholen. Aber ich glaube, dass ich nie wieder Stühle stellen darf. *Hey, Gott, kannst du mir bitte eine andere Gabe zeigen?*

Sonntag, 15.3.

Habe heute meinem Papa erklärt, meine unsichtbare Begabung liege auf einem anderen Sektor als dem Stühlestellen. Woraufhin er meinte, es finde sich sicherlich noch etwas, und das Lobpreisteam werbe im Moment heftig um Verstärkung, und sicher sei das etwas für mich, ich habe doch ein Interesse für Musik.

Ich machte ihn darauf aufmerksam, dass Interesse und Begabung nicht dasselbe seien und dass ich außerdem nicht singen könne.

Das war Pa egal. Noch vor dem Gottesdienst schleppte er mich zu Guido, unserem Lobpreisleiter. Nun muss man dazu sagen, dass Guido echt gut singen kann. Dementsprechend ist unser Lobpreis nicht schlecht. Mir war natürlich klar, zu welcher Katastrophe es kommen musste.

Guido war erst einmal begeistert, teilte mich direkt in die Männer-Hintergrundgruppe ein und erklärte, ich müsse nur mit den anderen ‚uahhh uahhh' singen, und zwar leise und gefühlvoll.

Ich war total aufgeregt, denn ich hatte nicht kapiert, wann ich den Text von mir geben sollte. Ich sah die ganze Zeit über nach links und rechts, um zu sehen, was die anderen taten. Und dann, als Helga ihr Solo anstimmte –

sie sang übrigens gut – da hatte ich das Gefühl, Christian mache den Mund auf, um ‚uahhh' zu singen. Ich also los: „Uahhh, uahhh." Laut und gefühlvoll.

Horst kniff mich in die Seite, Lisa sah mich finster und unchristlich an, und Guido machte energische Handbewegungen. Bis ich gemerkt hatte, dass Christian nur gegähnt hatte und ich an der falschen Stelle ‚uahhh' gemacht hatte, vergingen peinliche Sekunden.

Guido meinte anschließend, ich sei sicher einer der Menschen, denen Gott Geduld zeigen wolle. *Hey, Gott, tu etwas! Du willst doch wohl nicht im Ernst, dass ich jetzt jeden Sonntag den Lobpreis verderbe?*

Montag, 16.3.

Mein lieber Sitznachbar Jens hat beantragt, auf einen anderen Platz wechseln zu dürfen. Er behauptet, er habe Angst, meine Dummheit sei ansteckend. Ich hasse ihn! Es war aber niemand bereit, in die erste Reihe zu wechseln.

Die Groß sagt, wenn ich noch eine Chance haben will, versetzt zu werden, muss ich mehr Einsatz zeigen. Um Himmels willen, was bringt bitteschön Einsatz in Mathematik, wenn ich keine Ahnung habe?

Die Groß bemerkte wohl meine Verwirrung. Jedenfalls nahm sie mit spitzen Fingern mein Heft, hielt es in die Höhe und meinte, allein das Heft rechtfertige eine ungenügende Note.

Ich hab es mir vorhin noch mal angesehen. Sicher, die Seiten sind etwas lose, es hat keinen Einband mehr und ein paar Flecken, weil mir der Tee darauf ausgelaufen ist – aber dafür kann ich doch nichts!

Dienstag, 17.3.

Da Ma nicht bereit ist, mir eine Entschuldigung zu schreiben ungefähr des Inhalts, mein Matheheft sei leider auf den Grill gefallen, und da Betti nicht bereit ist, das Matheheft für mich abzuschreiben, werde ich mir etwas anderes einfallen lassen müssen. Ob ich vielleicht am besten ab jetzt die Mathehausaufgaben abschreibe? Dann wären sie jedenfalls richtiger. Aber mich lässt sowieso niemand abschreiben. Höchstens Andrea. Die will aber Geld dafür haben ...

Ich war vorhin in der Schulbibliothek und habe mir ‚Mathe für Anfänger und Fortgeschrittene' ausgeliehen. Vielleicht hilft das ja ...

Mittwoch, 18.3.

Ich habe versucht, in dem geliehenen Mathebuch zu lesen. Verstehe leider kein Wort. Werde wohl den alten Trick ausprobieren müssen, das Buch unter meinem Kopfkissen zu deponieren.

Donnerstag, 19.3.

Das Buch unter dem Kopfkissen hilft nicht viel. Außer vielleicht dafür, das Buch etwas weicher zu machen. Ich werde wohl doch das Geld investieren und Hausaufgaben von Andrea kaufen.

Freitag, 20.3.

Jugendgruppe. Christian hatte Holzschwerter mitgebracht und noch so anderes Zeug, aber am interessantesten waren natürlich die Holzschwerter.

Markus und ich schnappten uns jeder sofort eines und begannen einen Fechtkampf.

Christian sah uns an und sagte, er wolle jetzt sehen, wer reif für seine Rolle sei.

Ich begann sofort, mich noch mehr ins Zeug zu legen und legte eine Nummer hin, die eines Stuntmans würdig gewesen wäre: Ich stieß einen wilden Schrei aus und drehte mich mit ausgestrecktem Schwert mehrfach um mich selber. Kann ich etwas dafür, dass dabei die Vase umfiel und Johannes ausgerechnet in dem Moment in meine Reichweite kommen musste? Er bekam ziemliches Nasenbluten, der Arme. Seine Brille hingegen konnte Otfried wieder zurechtbiegen.

Christian nahm mir das Schwert aus der Hand und sagte, wir würden uns noch sprechen.

Hey, Gott, was kann er nur von mir wollen?

Samstag, 21.3.

Pa wollte mich heute wieder zum Stühlestellen einsetzen, aber ich erklärte ihm, dass ich keine spezielle Berufung dafür verspüre. Er guckte mich groß an und ließ mich in Ruhe. Allerdings musste ich stattdessen mit Ma Vokabeln üben ...

Sonntag, 22.3.

Ich bekam heute von meiner Ma ein seltsames Pappmacheeteil vor die Nase gehalten mit der Frage, warum ich in meinem Bett Papier aufbewahre. Sie hatte meine Bettwäsche gewaschen und anschließend aus der Waschmaschine den Papierklumpen herausgeklaubt. Nun wollte sie von mir wissen, um was es sich handele.

Zuerst war ich ein wenig verwirrt, aber dann erkannte ich in den Überresten das Mathebuch für Anfänger und Fortgeschrittene aus der Bibliothek. So ein Mist!

Ich entschloss mich nach innerem Ringen, Ma zu erzählen, um was es sich handelt. Sie war nicht erbaut. *Hey, Gott, hilf!*

Montag, 23.3.

Ein Anruf von Christian bei mir zu Hause, den Pa entgegennahm. Anschließend kam er ganz betrübt an und fragte mich, was ich in der Jugendgruppe angestellt hätte. Christian hatte ihm gesagt, ich könne doch keine Rolle im Theaterstück spielen, ich sei noch nicht reif dafür. Und ob ich nicht in den Hintergrundchor gehen wolle. Ich weiß nicht, ob das so gut ist. Ich sage nur: Uahhh!

Dienstag, 24.3.

Der Dienstag war wie immer. In der Schule werde ich wohl nie auf einen grünen Zweig kommen. Ma hat mir einen Entschuldigungszettel für die Bibliothek geschrieben. Es hat sie wohl beeindruckt, dass ich selbst nach dem Zubettgehen noch Mathe lernen wollte. Weil das Buch so alt war, wollen die nur noch 2,50 € dafür haben. Na, das geht ja.

Mittwoch, 25.3.

Es wird langsam eng bei Mathe. Die Groß hat mich heute einem mündlichen Verhör unterzogen. Bin natürlich kläglich gescheitert. Wie, um alles in der Welt, mache ich aus einer Dezimalzahl einen Bruch? Oder umgekehrt?

Donnerstag, 26.3.

Hab heute tatsächlich Andrea einmal Hausaufgaben abgekauft. Ich glaube aber, dass Gott das nicht für eine gute Idee hielt, denn er segnete mich mit einer schrecklichen Panik, das Zeug vortragen zu müssen. Und das, ohne ein Wort verstanden zu haben. Ich meldete mich schließlich und erklärte, ich hätte die Aufgaben nicht verstanden. Danach war die Panik weg. *Warst du das, Gott?*

Freitag, 27.3.

Heute gab es eine Mathearbeit. Wie die Groß meinte, damit sie in den Ferien an uns denkt! Ich bin mir eigentlich ziemlich sicher, dass sie in meinem Fall nicht viel Gutes zu denken hat. Habe die Hälfte der Aufgaben gar nicht erst bearbeitet.

Ich habe heute meine Eltern gefragt, ob sie mich auf jeden Fall lieben. Sie haben sehr misstrauisch dreingesehen und „ja" gesagt.

Ich bin mir übrigens nicht sicher. Auch bei Gott nicht. Ich denke da nur an die Sache mit den Pfunden.

Immerhin sind ab jetzt Ferien. Der Lichtblick des Tages.

Samstag, 28.3.

Und wieder wollte man mich zum Stühlestellen einsetzen. Herzlichen Dank, ich habe die Freudigkeit nicht dafür, wie es so schön heißt. Habe aber als braver Sohn hinterher doch geholfen. Leider bin ich gestolpert, mitsamt dem Stuhl auf den Boden gekracht, worauf ich einen blauen Fleck und der Stuhl eine zerbrochene Lehne davontrug. Das abgebrochene Stück schlitterte durch die Kirche bis vor die Füße von Frau Hasenberg, die daraufhin erklärte, man möge sie bitte vorwarnen, wenn ich wieder Dienst versehen wolle, eventuell könne sie ja ihren eigenen Einsatz dann verschieben.

Sonntag, 29.3.

Kirche. Guido grinste mir freundlich zu. Ob er schon weiß, dass er mich demnächst wieder im Hintergrundchor hat?

Pa hielt seine Predigt über den Leib mit den vielen Gliedern. Das steht, glaube ich, bei Paulus oder so. Pa meinte, jeder solle sich überlegen, welcher Körperteil er wohl ist. Ich vermute bei mir mal, dass ich so eine Art Hühnerauge bin. Überflüssig bis lästig. Pa guckte ziemlich komisch aus der Wäsche, als ich ihm dies nach der Predigt kundtat. Er meinte irgendetwas in dem Sinne, meine Bestimmung müsse nur noch gefunden werden.

Na klasse! *Hey, Gott, meinst du nicht, es wäre an der Zeit, mir mal ein Pfund zu verleihen? Oder wenigstens ein halbes?*

Montag, 30.3.

Ich bin einfach nur froh, zu Hause zu sein! Hab den ganzen Tag nur gechillt!

Dienstag, 31.3.

Leider hat mich Pa heute beim Chillen erwischt. Folge: Ich musste sein Auto putzen.

Mittwoch, 1.4.

Hatte heute ziemlichen Spaß. Na ja, zuerst nicht. Pa holte mich aus dem Bett, weil ich zur Schule müsse. Und als ich dann ziemlich zerknautscht am Frühstückstisch saß, kam ein hämisches ‚April, April!'. Ich war vielleicht sauer!

Aber im Lauf des Vormittags reifte ein genialer Plan in mir heran. Ich hatte mal irgendwo gelesen, dass Mathematik und Musik zusammenhängen. Im Hirn des Menschen oder so.

Keine Ahnung, wie das sein kann, wo Musik doch so cool ist und Mathe so ätzend.

Aber ich setzte mich hin und verfasste einen Artikel des Inhalts, dass man gegen Matheschwäche vorgehen kann, indem man möglichst viel Musik hört.

Bekanntlich ist mein CD-Player nicht mehr richtig in Ordnung. Ich formatierte mein ganzes Werk am Familien-PC ansprechend im Zeitungsstil und legte Pa den Artikel auf den Schreibtisch.

Wie meistens kam er mittags nach Hause und sah erst einmal die Post durch. Dann meinen Artikel. Er legte ihn stirnrunzelnd Ma vor. Die las ebenfalls aufmerksam.

Ich musste aufpassen, dass ich nicht loslachte.

Und dann begannen beide ernsthaft darüber zu debattieren, wie man mich zum Musikhören bekommen könne.

Ich schlug schließlich den Kauf einer Anlage vor. Pa nickte nachdenklich.

Oh, wie habe ich gelacht, als ich mein „April, April!" losließ!

Donnerstag, 2.4.

Ich glaub es nicht! Ich bekomme eine neue Anlage! Meine Eltern müssen meinen Sermon doch irgendwie geglaubt haben, obwohl ich ihnen gesagt hatte, dass ich ihn selber ausgedacht habe ...

Pa hat heute mit mir im Internet geguckt. Erst dachte ich, jetzt macht er sich über mich lustig – aber er meinte es ernst. Er hat das Teil tatsächlich bestellt.

Ich bekomme eine Anlage!

Hey, danke Gott! Manchmal sind meine Eltern doch cool ...

Freitag, 3.4.

Karfreitag. In einer frommen Familie wie bei uns natürlich mit gewissen Ritualen verbunden. Unsägliches Fischessen zum Beispiel. Und dann der Gottesdienstbesuch mit unsäglicher Musik. Immerhin war diesmal nicht Guido schuld an der Misere, sondern der Organist.

Nachmittags kam Ma mit bedeutungsvoller Miene an und erklärte, sie habe für Betti und mich eine Überraschung.

Wir sahen uns an. Überraschungen von Müttern sind nicht immer angenehm. Aber es sollte dann doch wohl cool sein. Betti darf von Ostermontag bis Sonntag auf eine Reitfreizeit. Mich hat sie zu einer Aktivfreizeit angemeldet.

Betti freute sich, das war deutlich zu sehen. Und ich? Na ja. Aktivfreizeit ... Ob das etwas für Loser ist?

Samstag, 4.4.

Ostersamstag. Ma backt ein Osterlamm und räumt auf und färbt Ostereier. Betti war reiten und läuft jetzt herum und berät Ma beim Ostereiermalen.

Ich wollte ja ein bisschen helfen, aber Ma redete die ganze Zeit nur über Schule, da habe ich mich lieber verzogen.

Sonntag, 5.4.

Netter Ostergottesdienst. Ich machte Guido die Freude, ihn erst nach dem Gottesdienst zu begrüßen. Der arme Kerl, wenn der Lobpreis ausgerechnet beim Ostergottesdienst daneben gegangen wäre!

Na ja, ich war ja sozial. Dafür hatte Ma morgens Unmengen von Ostereiern versteckt, in der Annahme, dass wir Kinder sie begeistert suchen würden. Ich ließ mich zu so einem Zeug natürlich nicht herab. Ich bin doch kein Baby mehr!

Betti aber, die stürzte quietschend durchs Wohnzimmer und suchte Schokoladeneier. Immerhin teilte sie die Beute hinterher mit mir.

Was findet eigentlich auf einer Aktivfreizeit so statt? Das Ganze hört sich gefährlich nach Sport an. Ob ich mein Tagebuch mitnehmen soll oder lieber nicht?

Wenn ich mir vorstelle, ich werde vom Tennisplatz auf den Fußballplatz und dann direkt zum Leichtathletikplatz gescheucht, mag ich den Zuspruch meines Tagebuchs wohl nötig haben.

Montag, 6.4.

Okay, da bin ich. In einer seltsamen Blockhütte mit sieben hünenhaften Kumpels untergebracht, die mich vermutlich genauso misstrauisch betrachten wie ich sie. Gleich gibt es erst einmal Essen und dann ein kleines Kennenlernspielchen. Na, ich bin mal gespannt!

Irgendwo soll hier auch ein Tagesplan herumhängen, ich habe ihn aber noch nicht gefunden.

Dienstag, 7.4.

Ich bin fertig. Total fertig. Heute hatten wir einen ‚entspannten Trainingstag', wie es so schön hieß. Joggen, Frühstücken, Gesprächsgruppen, Sportgruppen nach Wahl, Mittag, Andacht, spaßiges Ball-über-die-Schnur-Turnier, Leichtathletik, Abendessen, Singen am Lagerfeuer. Wenn das morgen so weitergeht, melde ich mich krank und lasse mich nach Hause fahren. Ich bin der Unsportlichste hier, kann gar nichts – was ich aber schon wusste – und halte jede Mannschaft auf.

Die Freaks in meiner Hütte sind alle total sportlich, muskulös und gutaussehend. Besonders einer namens Sascha. Der könnte glatt irgendwo als Actionheld auftreten. Und dagegen dann ich Oberloser. Es ist grauenvoll. *Hey, Gott, mach den anderen doch mal klar, dass sie auf mich Rücksicht nehmen sollen! Oder lass mich das nächste Turnier gewinnen!*

Mittwoch, 8.4.

Ich bin total fertig. Heute spaßiges Geländespiel, in dessen Verlauf wir auf meilenhohe Bäume klettern, mit Brennholz eine Brücke über einen Bach errichten, eine Hindernisbahn bauen und über die der anderen kriechen, robben und springen mussten. Wenn mir nicht Sascha und Georg auf den Baum geholfen hätten (Räuberleiter mit Hilfestellung würde ich das Ganze nennen), stünde ich immer noch darunter. Bei der Hindernisbahn liefen mir aber auch die beiden einfach davon. Ich geriet dann allerdings in einen Ameisenhaufen, was gar nicht schön war. Immerhin wurde ich vom Rest des Geländespiels befreit ...

Donnerstag, 9.4.

Heureka! Ich hab es raus! Ich meine, wie ich um diese ganzen dämlichen Sportspiele herumkomme!

Ich war heute morgen direkt nach dem Joggen schon fertig und hockte deshalb beim Frühstück ziemlich groggy herum.

Sascha, der Oberhüne, sprach mich an und fragte, ob ich ein Glaubensproblem hätte.

Ich nickte und wollte gerade pampig antworten, ich glaube nicht daran, den heutigen Tag zu überleben, da zeigte mir Sascha einen von den Betreuern und meinte, der stünde für Gespräche zur Verfügung. Allerdings nur während der Sportzeiten, sodass ich dann leider – und ich vermute, er meinte auch „leider" – eine der Einheiten dadurch verpassen würde.

Ich dachte, ich traue meinen Ohren nicht. Aber dann spazierte ich zu diesem Simon hinüber und erzählte ihm, ich fühle mich so ungeliebt, und er bot mir ein Gespräch an, wodurch ich die Leichtathletik verpasste. Herrlich! *Danke für Sascha, Gott!*

Freitag, 10.4.

Upps! Heute hatten wir einen biblischen Thementag, und da dachte ich, ich könnte als Predigersohn endlich einmal mithalten. Weit gefehlt! Ich hätte gleich Unrat riechen müssen, als ich hörte, dass es um Simson ging. Dann folgten Ringkämpfe, Dauerläufe und so weiter und am Schluss noch eine Kraftprobe gegen ein komisches Gerät, welches sich „Hau den Lukas" nannte. Natürlich kam bei mir der Zeiger nicht über „absoluter Schwächling" hinaus. Alle lachten sich kaputt, natürlich. Ich werde morgen wieder ein Seelsorgegespräch anmelden.

Samstag, 11.4.

Die gute Nachricht: nur noch zwei Tage. Die schlechte: noch zwei Tage. Heute nannte sich das Programm „hammerharter Trainingstag". Ich habe mich mit Simon unterhalten, über Gott und die ganzen anderen, die viel besser sind als ich, über mein Loserdasein. Er wollte wissen, warum ich eigentlich auf dieser Freizeit sei, wo ich doch Sport hasse, und ich erzählte ihm, das sei eine Überraschung meiner lieben Mama für mich gewesen. Er musste schrecklich lachen, aber dann konnte man sich richtig gut mit ihm unterhalten. Er hatte die schrägsten Geschichten drauf über diese Freizeiten. Von einem scheinbaren Schwächling, der sich als Super-Kampfsportler herausstellte, bis hin zu einem Muskelprotz, der jeden Abend nach seiner Mami weinte. Und außerdem vertritt er die Ansicht, dass Gott gar keine Helden braucht, sondern normale Menschen.

Ach, ich wäre so gern ein Held – oder wenigstens normal! *Hey, Gott, mach mich normal!*

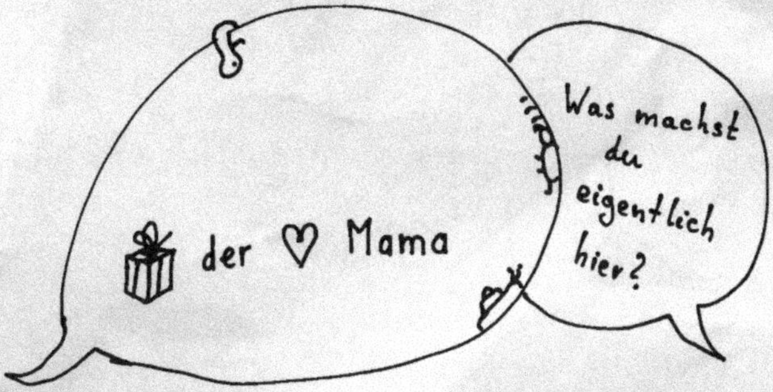

Sonntag, 12.4.

Heute war das große Abschlussturnier. Und es gab tatsächlich eine Disziplin, bei der ich nicht vollkommen versumpfte. Sprich: eine Disziplin, bei der ich in der vorderen Hälfte landete. Sackhüpfen. Okay, das haben wir früher immer auf den Gemeindefesten gemacht. Ich war also vielleicht unfair bevorzugt. Aber immerhin. Sascha übrigens, Sascha aus meinem Blockhaus, der hat in sechs Disziplinen die Goldmedaille abgesahnt. Und auch, wenn die Goldmedaille in Echt ein Schokotaler war: Warum kann ich nicht sein wie Sascha?

Danke, Gott, für die Gemeindefeste!

Endlich wieder zu Hause! Wir haben alle von den Betreuern noch ein Geschenk bekommen – einen Jonglierball. Was um alles in der Welt soll ich mit einem Jonglierball? Bin ich ein Jongleur?

Mama war sehr gespannt, ob die Veranstaltung mir gefallen hat. Ich wusste nicht so recht, was ich ihr sagen soll. Habe mich schließlich in beziehungsvolles Schweigen gehüllt.

Montag, 13.4.

Schule geht direkt wieder los, wie sie aufgehört hat. Mit einer versemmelten Mathearbeit. Womit, wie die Groß feststellte, meine Versetzung mittlerweile akut gefährdet ist. Na prima.

Ich versuchte ihr darzulegen, was ich für einen Verlust für die Klasse darstelle und dass es deshalb ein Gebot der Solidarität zu meinen Mitschülern sei, mich zu versetzen.

Die Groß starrte mich an und begann dann zu lachen.

Aber die Note steht. Und was fast noch schlimmer war: Hinterher meinte mein lieber Sitznachbar Jens, er habe noch nie jemanden so lügen hören. Wenn ich ein Verlust für die Klasse sei, dann sei er selber ein Trampeltier. Blödmann! Was habe ich bloß getan, dass keiner mich leiden mag?

Ich muss die Sache mit der Fünf nachher irgendwie meinen Eltern beibringen …

Dienstag, 14.4.

Kleine Überraschung meiner Ma für mich, als sie nach Hause kam. Sie hat mich in einer Nachhilfeschule angemeldet. O-Ton: „Damit du siehst, dass wir alle gemeinsam versuchen wollen, dein Problem zu lösen."

Na, prima! Das ist ja wohl Loserstufe 7! Nachhilfeschule! Dahin gehen nur Oberoberloser!

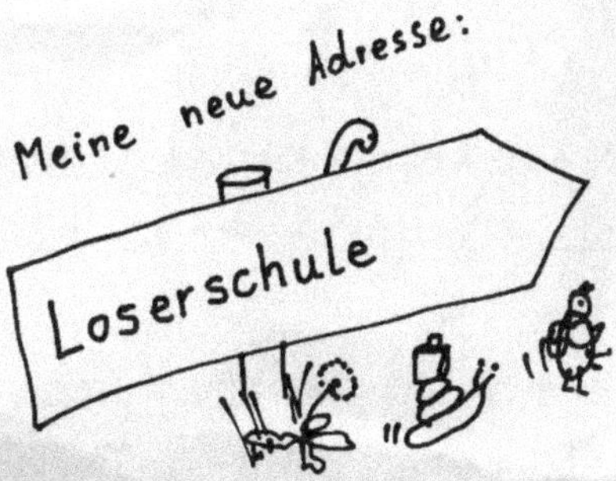

Mittwoch, 15.4.

Hatte heute eine Debatte mit Jens aus meiner Klasse. Er wollte mir einfach nicht glauben, dass Ottawa die Hauptstadt von Kanada ist. Meine Güte! Als ich ihm erklärte, er habe eben keine Ahnung, sah er mich herablassend an und meinte, so einem Loser wie mir traue er grundsätzlich nicht. Grrrrrrrrrr! *Hey, Gott, warum muss ich ein Loser sein? Warum darf ich nicht sein wie ... zum Beispiel Sascha?*

Donnerstag, 16.4.

Ich falle vom Glauben ab. Keiner, aber auch keiner kann raten, wen ich heute in der Nachhilfeschule getroffen habe!

Ma hatte mich hingebracht, dort einem Typen vorgestellt, der mir ganz kumpelhaft auf die Schulter geklopft und erklärt hat, wir würden das Kind schon schaukeln. Er nahm mich mit in einen Raum, in dem schon zwei Mädels hockten – und Sascha. Sascha aus der Freizeit. Er sah mich genauso entgeistert an wie wahrscheinlich ich ihn. Meine Güte! Sascha ist genauso eine Niete wie ich in Mathe! Und in Deutsch auch, er muss dienstags auch zur Nachhilfe …

Zu zweit war es übrigens nicht halb so blöd, wie ich befürchtet hatte. Obwohl ich, wie ich feststellen muss, immer noch nichts kann. *Hey, Gott, das ist echt ulkig von dir – dass Sascha auch ein Loser ist, meine ich …*

Freitag, 17.4.

Heute Vormittag Schule. Jens fragte ganz hämisch, ob ich ihm die Hauptstadt von Vietnam sagen könne. Konnte ich natürlich, womit er nicht gerechnet hatte. Aber wir haben das ganze Zeug mal für die Grundschule auswendig lernen müssen.

Heute Nachmittag Jugendgruppe. Ich durfte den anderen zugucken, wie sie ihr Theaterstück übten. Habe dann zeitweilig Betti vertreten, während die mit einer Freundin telefonieren musste. Aber natürlich hilft mir das nichts, was eine eigene Rolle angeht.

Übrigens hat Guido Christian wohl klargemacht, dass ich für den Hintergrundchor ungeeignet bin. Christian meinte jedenfalls, für mich finde er auch noch eine Aufgabe. Sehr ermutigend ... Hey, Gott, ich will nützlich sein! Kann ich nicht die David-Bruder-Rolle zurückbekommen?

Samstag, 18.4.

Verwandtenbesuch. Omi wollte allen Ernstes von mir wissen, wann ich endlich zur Vernunft komme.

Ich dachte erst, sie mache dumme Witze mit ihrer Frage und wollte witzig antworten, indem ich meinen Löffel gegen Ma's Kaffeetasse schnippte.

Leider fiel mein Löffel in die Tasse, die kippte um, und der Kaffee ergoss sich über den Tisch. *Hey, Gott, warum passiert immer mir so etwas?*

Sonntag, 19.4.

Heute Predigt von Pa über meinen Kaffeetassenunfall. Irgendwie soll die Sünde genauso funktionieren, wenn ich das Ganze richtig verstanden habe.

Beim Kirchenkaffee anschließend wollte ich wie immer beim Auftragen helfen, doch Otfrieds Frau Thea nahm mir die Kanne aus der Hand und meinte, die Gemeinde sei arm und habe kein Geld für ständig neues Geschirr. Auch gut.

Montag, 20.4.

Schule wie Schule eben so ist. Ich hab ausprobiert, ob man eigentlich die Knie so hochheben kann, dass das Schülerpult angehoben wird. Man kann. War nur ein bisschen dumm, dass das Experiment in der Englischstunde gelang. Und noch ein bisschen dümmer, dass Jens einen schrillen Schrei ausstieß, als der Tisch danach auf seinen Fuß niedersauste. Wie um alles in der Welt soll ich auf Englisch begründen, dass man im Unterricht das Mobiliar intakt lassen soll?

Dienstag, 21.4.

Komisch. Heute muss ich an Sascha denken. Der hat jetzt Deutschnachhilfe. Gute Güte, in Deutsch habe ich noch nie Hilfe gebraucht. Labern konnte ich schon immer …

Mittwoch, 22.4.

Betti verkündet heute groß, endlich fange die Reitsaison wieder an. Na prima. Was interessiert mich die Reitsaison? Pferde sind riesig und langweilig.

Donnerstag, 23.4.

Mathenachhilfe. Ich glaube tatsächlich, Sascha kapiert genauso wenig in Mathe wie ich. Wir setzten uns direkt nebeneinander und rätselten dann gemeinsam. Der Nachhilfelehrer, ein gewisser Tom, findet das ungemein produktiv und meinte, wir sollten uns doch auch mal zu Hause zusammensetzen. Muss ich unbedingt mal Ma erzählen.

Freitag, 24.4.

Halleluja! Wider Erwarten hatte Ma nichts dagegen, dass ich mich mit Sascha treffe. Ja, ich hörte sogar später, wie sie zu Pa sagte, endlich pflege ich soziale Kontakte. Sie stellte auch für Sascha Mittagessen bereit, und wir trafen uns direkt nach der Schule. Weil ich ja abends noch Jugendgruppe hatte.

Sascha und ich trafen uns an der Bushaltestelle, dann fuhren wir zusammen zu mir nach Hause. Meine Güte, was für ein Glück, dass der Typ bei uns in der Stadt wohnt! Wir aßen erst, dann zeigte ich Sascha mein Zimmer und meine CDs.

Dann machten wir uns echt an die Aufgaben, die Tom uns gegeben hatte. Nicht, dass wir sie besonders gut gekonnt hätten. Aber irgendwann kam Betti nach Hause, sah in mein Zimmer und fragte, ob wir zurechtkommen. Dann erklärte sie uns ein bisschen, und dann zog sie wieder ab. Danach ging's besser.

Abends fuhr Ma Sascha noch nach Hause. Ich glaube, sie wollte wissen, wo er wohnt.

Jugendgruppe war nervig. Ich will kein Hilfsarbeiter sein!

Samstag, 25.4.

Vorhin ein Anruf von Sascha. Ob ich mitkommen will joggen. Der Junge weiß nicht, was er spricht! Wenn ich mit ihm jogge, kommt er nicht mehr von der Stelle ...

Sonntag, 26.4

Cooler Abhängesonntag. Otfried erzählte, dass er noch jemanden für die Beleuchtung sucht. Ma hat ihm erklärt, dafür sei ich genau der Richtige. Ich bin mir da nicht so sicher.

Montag, 27.4.

Heute versuchte Jens offensichtlich, seinen Platz neben mir loszuwerden. Er erklärte der Groß, er wolle gerne auf den Platz neben Andrea. Woraufhin die Groß meinte, das sei okay, es müsse sich nur jemand finden, der dann den Platz neben mir einnimmt.

Sie sah sich um.

Ich brauchte mich nicht umzusehen, um zu wissen, was geschehen würde. Eisiges Schweigen.

Ich hasse es, ein Loser zu sein! *Hey, Gott, gib mir einen Freund!*

Übrigens blieb Jens neben mir sitzen ...

Dienstag, 28.4.

Mir war schon immer klar, dass Deutsch eines der weniger garstigen Schulfächer ist – heute hatte ich richtig Spaß. Wir fangen ein neues Thema an, aus dem die Müller noch ein ziemliches Geheimnis macht. Jedenfalls begann die Sache mit einem kleinen Improvisationstheater, oder wie man das Ganze auch nennen mag. Die Müller suchte zwei Freiwillige. Zuerst meldete sich Ansgar, der meldet sich immer für alles, und vermutlich dachte er, er dürfe die Tafel putzen oder so etwas. „Okay", sagte die Müller und sah sich um. „Du bist der Kunde. Jetzt brauchen wir noch den Vertreter."

Ansgar sah sie mit aufgerissenen Augen an, der Rest der Klasse duckte sich hinter den Tischen. Ich fand die Sache lustig, und als sich nach zwei Minuten heftigen Zuredens von Seiten der Müller immer noch keiner gemeldet hatte, hob ich eben die Hand.

Das Szenario war Folgendes: Ich bin Staubsaugervertreter, Ansgar zu Hause. Ich klingele an der Tür und will ihm Staubsauger verkaufen. Alles klar? Und los!

Ich tat also, als ob ich klingelte, und als Ansgar zögernd die nicht vorhandene Tür öffnete, legte ich los. „Schönen guten Tag, mein Herr, das ist hervorragend, dass ich Sie heute hier antreffe. Denn ich habe Ihnen heute eine wunderbare Neuigkeit vorzustellen – ich darf doch eintreten? – und das zu einem einmaligen Sonderpreis. Was für eine herrliche Einrichtung! Wie schade, dass gerade solche hellen Teppiche immer wieder durch hartnäckige Flusen verunstaltet werden. Ich weiß, ich weiß, da kann man gar nichts machen. Es sei denn, man hat einen Superthermostaubsauger. Ganz zufällig habe ich gerade ein Vorführgerät dabei. Ich darf doch gerade ihre Steckdose benutzen?"

Ich laberte und laberte, und Ansgar kam kein einziges Mal dazu, auch nur ein Wort zu sagen. Die Klasse saß atemlos, und als die Müller das Experiment abbrach, bekam ich spontanen Applaus. Von den Fritzen, die sonst alle nie etwas mit mir zu tun haben wollen.

„Das war eine glatte Eins, Alfi", verkündete die Müller, als ich mich setzte.

Ich war richtig obenauf. Bis Jens gehässig zu mir sagte, immerhin, wenn ich schon keinen Schulabschluss schaffen würde, bräuchte man sich wenigstens keine beruflichen Sorgen um mich zu machen. Ich könnte ja immer noch als Staubsaugervertreter durchkommen.

Mittwoch, 30.4.

Ich dachte ja schon, diese Woche falle die Mathenachhilfe wegen des Maifeiertags aus. Keine Ahnung, ob ich nun happy darüber gewesen wäre oder nicht. Mathe ist echt nicht mein Ding, und ob diese blöde Nachhilfe nun hilft, weiß ohnehin höchstens Gott. Aber andererseits macht es schon Laune, mit Sascha zusammen zu lernen. Und dieser Tom ist auch nicht so uneben, wie man denken könnte.

Na, jedenfalls hat Ma – in Zusammenarbeit mit Saschas Mutter – organisiert, dass wir heute hin durften. Betonung auf durften. Es ist nicht etwa so, dass wir müssen. Wir dürfen.

Na klasse. Wir hockten nebeneinander und lernten, und ich konnte Sascha noch nicht einmal von meiner Staubsaugervertreternummer erzählen. Aber Samstag treffen wir uns wieder. Vormittags, weil Sascha nachmittags ein Spiel hat.

Donnerstag, 1.5.

So ein freier Tag ist doch einfach das Beste! Mal wieder chillen, ein bisschen Gitarre spielen, am Rechner hängen. Leider schleppte mich Pa nachmittags in die Gemeinde, weil sich Otfried mit mir besprechen wollte.

Es stellte sich heraus, dass es um das Theaterstück ging. Er holte irgendwelche Lichterketten heraus und diverse Scheinwerfer und meinte, ich könne das Zeug schon einmal sichten, ob es in Ordnung sei. Meine Güte, wie bekomme ich bei so vielem Kleinzeug heraus, ob es in Ordnung ist? Die Lichterketten hatten so Teile, in die man Batterien stecken kann. Für die Frickelei war mir aber nun wirklich meine Zeit zu schade. Ich zog die Strippe aus dem Batterieteil und steckte sie einfach in die nächstgelegene Steckdose.

Bemerkung: Besser nicht nachmachen! Ich bekam einen ziemlichen Stromschlag, das Licht im ganzen Gemeindehaus ging aus, und die Lichterkette roch extrem brenzlig.

Freitag, 2.5.

Na toll. Heute hat mir Christian mitgeteilt hat, dass Otfried gesagt hat, ich solle doch nicht bei der Technik helfen. Christian sah etwas unglücklich aus, als er meinte, für mich finde sich sicherlich auch noch eine Aufgabe, die meinen Fähigkeiten entspreche.

Samstag, 3.5.

Heute Treffen mit Sascha. Er will unbedingt erst noch Laufen gehen, weil das den Kopf so schön frei macht. Behauptet er. Ich habe nach dem Laufen Krämpfe in den Beinen und bestimmt keinen freien Kopf.

Aber wir müssen ja unsere Mathehausis von Tom machen. Sascha hatte so einen lustigen Kreisel dabei, der summend wie irre über den Tisch hüpfte.

Wir hatten ziemlich viel Spaß, bis Ma in mein Zimmer guckte und meinte, es wäre eine gute Idee, immer erst, nachdem wir eine Aufgabe gelöst hätten, den Kreisel wieder zu bedienen.

Danach hatten wir nur noch alle Viertelstunde Spaß.

Sascha aß dann bei uns zu Mittag. Pa hatte Hackbraten gemacht, dazu Gemüse und Kartoffeln. Nicht gerade mein Lieblingsessen, aber essbar. Sascha war total begeistert.

Hey, Gott, könnte es sein, dass ich es irgendwie gut habe?

Sonntag, 4.5.

Heute herrschte in der Gemeinde leichte Katastrophenstimmung. Hervorgerufen durch Christian, der langsam durchdreht. Es sind nur noch sechs Wochen bis zum Theaterwettbewerb – und jetzt ist ihm Goliath abgesprungen. Ich meine natürlich Bertram. Der hat keine Lust mehr, den Bösen zu mimen und dann auch noch tot umzufallen.

Im ersten Moment dachte ich, jetzt würde man mich fragen, ob ich nicht Goliath spielen will. Aber erstens fragte mich keiner, und zweitens sähe das wahrscheinlich auch ziemlich komisch aus. Der lange Benedikt als David und ich Winzling daneben als Goliath.

Ob ich vielleicht Sascha fragen soll?

Montag, 5.5.

Sascha wäre genial als Goliath. Er ist groß und kräftig und total in Ordnung.

Aber ob er es nicht lächerlich findet, in der Theatergruppe einer christlichen Gemeinde mitzuspielen? Außerdem merkt er dann erst so richtig, was ich für ein Loser bin. Wo man mich doch noch nicht einmal als Hilfskraft gebrauchen kann.

Im Übrigen mag er vielleicht gar kein Theater.

Was mache ich bloß?

Dienstag, 6.5.

Oh, Mann! Morgen kommt Sascha zum Text lernen. Abends, nach dem Training.

Als ich aus der Schule kam, hockte am Küchentisch Christian mit Pa, total verzweifelt, weil sich kein Ersatzgoliath findet.

Pa fragte, ob ich nicht eine Idee hätte. Ich sagte, ich hätte eine Idee. Und schlug Sascha vor.

Sofort schickte mich Pa los, bei Sascha anrufen. Der war zuerst total begeistert, meinte dann aber, er könne nur ganz schlecht Text lernen.

Ich sagte, ich könnte den Text des gesamten Stückes auswendig – was so ungefähr auch stimmt –, und ich würde mit ihm lernen. Worauf er zusagte.

Irgendwie bin ich jetzt erleichtert, dass ich es getan habe. Nur ich, ich habe keine Rolle. Ich bin der Oberloser!

Mittwoch, 7.5.

Heute kam doch tatsächlich der Beckmann an und erklärte uns, er schreibe in der nächsten Stunde einen Biotest über alles, was wir bis jetzt durchgenommen hätten. Er war halt ziemlich sauer, weil Jens und Cedric die Tafelkreide mit Nagellack präpariert hatten.

Okay, wir hatten ziemlichen Spaß mit der quietschenden Kreide – aber einen Test war es eigentlich nicht wert.

Mein lieber Sitznachbar Jens beugte sich ganz nah an mich heran, was er sonst nicht tut, und flüsterte mir etwas zu, was er sonst nur tut, wenn er mich ärgern will. „Rede ihm das aus, komm, mach schon!"

Ich sah ihn verblüfft an. Wie kommt er auf so etwas?

„Ich bekomme unter Garantie eine Sechs. Komm, du hast dann auch was bei mir gut!"

Ich nickte langsam. Ich betete: „Hey, Gott, kannst du mal gerade auf mich hören? Dieser Test kommt jetzt echt schlecht, weil wir ja in der nächsten Woche Englisch schreiben. Kannst du mir jetzt gleich bitte helfen?"

Dann meldete ich mich.

Der Beckmann sah mich an. „Ja, Alfi? Du weißt über den Aufbau des Wiesenchampignons Bescheid?"

Ich weiß nicht wirklich gut Bescheid. Aber gerade diese Sache hatte mir in der letzten Stunde imponiert; wie die Pilze dieses unterirdische Geflecht bilden. Also erklärte ich, so gut ich es eben hinbekam, was es damit auf sich hatte. Ich habe Pilze nie so wirklich gemocht. Immerhin nickte der Beckmann und schrieb etwas in sein Notizbuch.

Ich nutzte die Gelegenheit und erklärte ihm, ich hätte mich eigentlich wegen einer anderen Sache gemeldet.

Er zog die Augenbrauen hoch. Kein gutes Zeichen eigentlich. „Musst du auf die Toilette?", fragte er.

Die Klasse kicherte.

Ich schüttelte den Kopf. Dann holte ich tief Luft und erklärte ihn, ich könne gut verstehen, dass er über den Streich verärgert sei.

Unmutiges Raunen in der Klasse, misstrauischer Blick von Beckmann.

Ich fuhr fort, dass aber ein Test übermorgen für uns eine größere Härte darstelle, als ihm vielleicht bewusst sei, da wir am Tag danach die Englischarbeit schrieben, die voll schwierig sei. Und ob er nicht noch einmal Gnade vor Recht ergehen lassen könne.

Der Beckmann sah mich unsicher an. Ich spürte, wie Jens die Luft anhielt.

„Schreibt ihr diese Arbeit wirklich?", fragte der Beckmann.

Er sah im Klassenbuch nach. Dann meinte er, den Test müsse er ohnehin irgendwann schreiben. Und ob uns in zwei Wochen recht sei.

Wir klatschten und nickten.

Nach der Stunde bedankte sich doch tatsächlich Jens bei mir. Tssssssssssss…

Hey, Gott, das war echt cool von dir, mir da zu helfen!

Donnerstag, 8.5.

Heute Nachmittag Nachhilfe. Zum Glück mit Sascha. Diese Mädels sind reichlich unerträglich – sie kichern die ganze Zeit über. Tom hat uns wieder neue Aufgaben aufgegeben.

Danach ist Sascha noch mit zu uns nach Hause gekommen; zum Lernen seiner Goliathrolle. Meine Güte – er lernt wirklich schlecht auswendig! Zum Glück hat er nicht so viel zu sagen.

Freitag, 9.5.

Jugendgruppe. Sascha ist eigentlich etwas schüchtern, stelle ich fest. Er war eindeutig froh, dass ich dabei war. Dann aber wurde er schnell zum Mittelpunkt, denn er stellt einen wirklich guten Goliath dar. Wenn er das Schwert schwingt, dann glaubt man ihm wenigstens, dass er so ein Teil bedienen kann ... Ich glaube, es war eine gute Idee, ihn einzuladen.

Samstag, 10.5.

Heute musste ich den Keller aufräumen. Pa leidet anscheinend unter der Vorstellung, ich könnte mich erholen hier. Als ich jedoch an meine alten Spielsachen wollte, die ganz oben auf dem Werkzeugregal waren, stolperte ich, hielt mich am Regal fest und knallte mit dem ganzen Kladderadatsch auf den Boden. Jetzt bin ich wohl für die nächsten Tage beschäftigt. Und eine Beule habe ich auch.

Sonntag, 11.5.

Meine Güte! Nicht nur die Sommerferien, sondern auch das Theaterspiel rücken gefährlich nahe heran. Wobei ich die Ferien an sich ja nicht schlimm fände, wenn damit nicht so etwas wie ein Versetzungszeugnis zusammenhinge. Aber diese Aufführung ... Ich habe nicht den Eindruck, dass alles so richtig klappt. Und dann darf ich noch nicht einmal richtig mitmachen. *Hey, Gott, findest du das fair?*

Montag, 12.5.

Heute Nachmittag hat Pa mich einer Truppe zugeteilt, die alte Menschen besuchen soll. Na klasse. Was soll ich denen denn erzählen? *Hey, Gott, muss ich das wirklich? Loser zum Anfassen spielen?*

Dienstag, 13.5.

Meinetwegen hat heute in der Sportstunde die Mannschaft im Fußball verloren, weil ich den Ball in die Gerätekammer geschossen habe. Ich habe schon wieder eine Sechs im Vokabeltest. Meine Schwester will nur dann ihren Geburtstag feiern, wenn ich verspreche, nicht anwesend zu sein. Und von der Sportfreizeit haben sie eine CD mit Fotos geschickt. Das einzige, auf dem ich überhaupt zu sehen bin, zeigt mich von hinten, als ich vergebens versuche, einen Ball zu erreichen.

Mittwoch, 14.5.

Mein Matheheft hat eine Fünf Plus kassiert, und das Plus stammt laut Aussage der Groß nur daher, dass ich ab und zu mal versucht habe, die Hausaufgaben zu machen.

Sie meinte, ich könne die Fünf in Mathe ja ausgleichen, zum Beispiel durch Englisch. Worauf ich ihr mitteilte, in Englisch sei ich nur geringfügig besser als in Mathe. Was wiederum zur Folge hatte, dass sie meinte, ein Sitzenbleiben sei auch nicht immer schlecht. Na klasse. *Bitte, Gott, bring meinen Eltern bei, dass Sitzenbleiben total toll ist – ohne, dass sie der Schlag trifft!*

Donnerstag, 15.5.

Morgens Jens in der Schule, der meinte, ich solle die Groß einfach überreden, mir eine Vier zu geben.

Nachmittags Sascha, der mir erzählte, er bleibe bestimmt sitzen, und seine Eltern wollten ihm seine ganzen Sporttrainings verbieten, damit er das Schuljahr schaffe. Er ist ziemlich fertig darüber.

Hmmm ... die Vorlieben sind doch sehr verschieden. Mich könnte man ja eher damit bestrafen, mich zum Training zu schicken.

Ich erklärte Sascha, Sport sei total gut für das Gehirn wegen der Durchblutung, das solle er seinen Eltern mal sagen.

Freitag, 16.5.

Theaterprobe. Wenn die mich nicht hätten, könnten die alle ihre Texte nicht. Ich sage ihnen die ganze Zeit über vor. Christian will mich zur Souffleuse befördern, aber darauf habe ich keine Lust. Ich habe überhaupt keine Lust mehr. Überall bin ich nur im Weg. Wenn nicht Sascha wäre, dem ich versprochen habe, da zu sein, würde ich einfach wegbleiben. Ich bin ein nutzloses Subjekt in dieser Gruppe. Der Oberloser.

Übrigens habe ich wirklich keine Lust auf Souffleuse. Aber ich denke, Ellen könnte das. Ellen macht häufiger Hintergrundarbeiten. Und sie ist unheimlich organisiert. Ich muss sie mal fragen ...

Samstag, 17.5.

Da hatte ich doch tatsächlich gedacht, ich könnte mich heute mal ausruhen. Pustekuchen!

Pa wollte unbedingt, dass ich beim Renovieren des Jugendraums helfe. Er hätte besser nur Ma gefragt, aber nein, er meinte, ich solle meine Gaben nicht immer so unter den Scheffel stellen. Effekt: Ich stolperte über einen Eimer, stand ganz plötzlich irgendwie in einer Pfütze, schlurfte trotzdem weiter – schließlich wollte ich nicht als Faulpelz dastehen – und hatte hinterher überall im Gemeindehaus Spuren hinterlassen. Wandfarbespuren. Uähhh!

Sonntag, 18.5.

Heute war ein bisschen Rabatz in der Kirche. Weil eben meine Fußabdrücke noch an allen möglichen Stellen zu sehen sind, zum Beispiel im Eingangsbereich.

Otfried machte mich darauf aufmerksam, dann Agnes und schließlich Frau Hasenberg.

Ich sah sie an und erklärte würdevoll, in der Bibel stehe, man solle Spuren hinterlassen.

Worauf sie reichlich dämlich aus der Wäsche guckte.

Und später sangen wir „Wir haben Gottes Spuren festgestellt". Und irgendwie wurde ich die ganze Zeit über das Gefühl nicht los, dass alle zu mir hinsahen ...

Montag, 19.5.

Ach, Mensch! Nervensäge Jens behauptet, ich müsse unbedingt Schauspieler werden. Und zum Üben solle ich doch schon einmal einen epileptischen Anfall vortäuschen. Er habe genau jetzt seine Deutschhausaufgaben nicht gemacht, und da könne eine kleine Unterbrechung nur helfen.

Ich teilte ihm mit, er sei nicht ganz dicht. Erstens würde ich nicht wegen ihm eine Erkrankung vortäuschen, die mich womöglich ins Krankenhaus bringe, und zweitens könne ich überhaupt nicht schauspielern. In unserer Gemeindetheatergruppe wollten sie mich noch nicht einmal als Darsteller eines Baums haben.

In dem Moment, in dem ich das gesagt hatte, bereute ich es schon. Es war doch klar, dass Jens daraus Kapital schlagen würde. Tat er aber, zumindest in dem Moment, nicht. Denn Frau Müller kam herein und wollte wissen, was los sei, dass wir so erregt aufeinander losgingen.

Ich erklärte ihr, wir übten gerade die dialektische Erörterung. Was sie zum Anlass nahm, noch einmal ganz genau darüber zu sprechen.

Jens meinte hinterher zu mir, ich sei ein Genie. Ich!!!!!!

Heute Nachmittag fand dann das erste Treffen unserer Besuchsgruppe statt. Frau Hasenberg hielt uns einen ewig langen Vortrag darüber, wie wir uns zu benehmen hätten. Dabei sah sie die ganze Zeit über mich an. Was soll das heißen?

Dienstag, 20.5.

Ich habe mich heute mal wieder kräftig lächerlich gemacht. Im Sport auf dem Platz. Ich bin ja ohnehin keine Leuchte, was das angeht. Wir sollten Runden um den Platz drehen, und ich trottete so vor mich hin, den Blick fest auf den Boden vor mir gerichtet. Ich war positiv überrascht, so schnell alle anderen abgehängt zu haben.

Irgendwann erschien es mir doch merkwürdig, dass selbst unsere Sportgrößen mich nicht einholten. Ich drehe mich also um und stelle fest, dass ich der einzige Trottel bin, der auf der äußeren Bahn läuft. Alle anderen, mehr oder weniger im Pulk, auf der inneren. Na klasse. Immerhin haben die anderen Spaß gehabt. Übrigens meinte Jens, das mit dem Genie nehme er in aller Form zurück ...

Mittwoch, 21.5.

Wir schreiben demnächst schon wieder eine Mathearbeit. Ob ich wohl krank sein werde? Mir ist jetzt schon ganz flau ...

Donnerstag, 22.5.

Ma ist mal wieder mit Werken beschäftigt. Diese Frau ist unermüdlich. Nach der Nachhilfe schleppte sie mich ins Heimwerkerparadies, wo ich hinter ihr herdackeln und supergünstige Einzelteile schleppen durfte. *Ist es im Paradies wie im Heimwerkerparadies, Gott? Dann sollte man ja vielleicht versuchen, nicht dorthin zu müssen!*

Freitag, 23.5.

Theaterprobe. Langsam beginnen alle am Rad zu drehen. Heute fragte mich Benedikt, ob ich wohl meine, dass er Autogramme geben muss. Na, mir nicht ...

Samstag, 24.5.

Vielleicht bin ich doch kein Loser? Otfried hat mich gebeten, beim Erstellen des Gemeindeblatts mitzuhelfen! Yeah! Meine dichterischen Fähigkeiten sind gefragt! Vielleicht werde ich sogar Chefredakteur? *Hey, danke, Gott!*

Sonntag, 25.5.

Das war mal wieder nichts. Ich habe Blätter gefaltet und aufeinander gestapelt. Und zum guten Schluss noch den ganzen Stapel umgeschmissen, als ich ihn ein Stück weit verschieben wollte. Der ganze Boden war voller Blätter. Das war wohl das Ende meiner Karriere als Chefredakteur.

Montag, 26.5.

Ich hasse es, ein Loser zu sein! Denn – seien wir mal ehrlich – wer mag schon Loser? *Hey, Gott, magst du mich eigentlich?*

Dienstag, 27.5.

Ohne Worte.

Mittwoch, 28.5.

Schlechter Tag. Die Groß redet die ganze Zeit über die Mathearbeit. Jens findet, ich könne sie ja davon abbringen, indem ich ihr beweise, dass Mathearbeiten schlecht für die Intelligenz seien.

Donnerstag, 29.5.

Mathenachhilfe heute im Zeichen meiner Mathearbeit. Sascha hat seine letzte schon versemmelt, trotz Nachhilfe.

Wenn ich bedenke, dass ich ihn für einen solchen Helden in jeglicher Beziehung gehalten habe, als ich ihn kennenlernte! Dabei ist er einfach nur ein voll netter Typ – leider ohne mathematische Begabung.

Freitag, 30.5.

Ich hasse es! Langsam wird es immer aufregender mit dem Theaterstück, und nur ich muss zugucken. Jetzt hat Christian mich gefragt, ob ich den Kulissenschieber machen kann. Mit Herrn Amberger zusammen.

Erstens wird sich Herr Amberger bedanken. Und zweitens ... ich wäre so gerne ein Schauspieler. Wenigstens dieser Typ, der David die Rüstung reicht. Oder eine andere schweigende Rolle. Wenigstens das. Und nun soll ich stattdessen Kulissen schieben? Ich weiß noch nicht, ob ich das mache ...

Samstag, 31.5.

Mathelernen mit Ma und Sascha. Sascha ist von meiner Familie unheimlich begeistert, weil alle mir helfen. Ich hätte lieber mal ein bisschen Ruhe ...

Sonntag, 1.6.

Nachdem Christian heute schon wieder nachfragte, ob ich nicht Kulissen schieben möchte, habe ich dann doch Ja gesagt. Obwohl von „mögen" nun wirklich keine Rede sein kann ...

Übrigens geht es wohl weniger darum, Kulissen zu schieben. Die Kulissen sind noch gar nicht vorhanden, und ich soll beim Bau assistieren.

Herr Amberg hat ein Zelt und einen Baum ausgesägt. Einen kurzen Moment lang, dachte ich, jetzt solle ich doch einen Baum spielen. Aber das ist es nicht. Ich soll den Baum anmalen. Und Schnüre besorgen, damit das Zelt natürlicher aussieht.

Montag, 2.6.

Nach der Schule – wie immer, mehr brauche ich wohl nicht zu erläutern – erster Besuchsnachmittag. Man hatte mir extra Moni mitgegeben, weil die sich so unheimlich gut benehmen kann. Sie schärfte mir dann auch x-mal ein, ich solle bloß keinen Ton sagen, sonst werfe man uns bestimmt heraus. Meine verantwortungsvolle Aufgabe war, den Blumentopf festzuhalten, der als Geschenk bestimmt war.

Eine dumme Wahl, wie jeder zugeben wird. Moni klopfte an die Tür, nach einem kurzen Gebet, wartete erst gar keine Antwort ab und trat ein. Ich ging hinter ihr her, den Blumentopf in den Händen, und suchte den Raum nach der alten Dame ab, die wir besuchen sollten. Sie saß da, in einem großen Lehnstuhl, und sah uns erwartungsvoll entgegen.

Leider war ich auch mit dem Blumentopf überfordert. Ich hatte nach der Dame geguckt, nicht vor meine Füße, und genau dort war wohl gerade eine dicke, schwarze Katze entlanggeschlichen. Ich stolperte über die Katze, die Katze fauchte, ich fiel hin, der Blumentopf aus meinen Händen, ich auf die Fragmente des Blumentopfs.

Moni fauchte auch. „Noch nicht einmal einen Blumentopf kann der Kerl halten", war so ungefähr der Inhalt ihres Fauchens.

Die alte Dame aber war so schnell aus dem Sessel, wie man gar nicht gucken kann. „Der arme Junge!", rief sie, half mir hoch, drückte Moni Handfeger und Müllschaufel für die Reste des Blumentopfs in die Hand, untersuchte meine Hand, die blutete, klopfte meinen Pulli ab, klebte mir ein Pflaster auf die Wunde, gab mir Schokolade und betüttelte mich ungefähr eine halbe Stunde lang, von Moni fassungslos beobachtet. Dann mussten wir gehen. Und seltsamerweise sagte die alte Dame, eine gewisse Frau Wagenschmidt, ‚Auf Wiedersehen'. Aber das kann sie eigentlich nicht so gemeint haben.

Hey, Gott, warum muss eigentlich so etwas immer mir passieren? Was Moni auf dem Flur zu mir sagte, darüber schweige ich lieber.

Dienstag, 3.6.

Die Mathearbeit. Ich sage mal lieber nichts darüber. Natürlich bin ich in jeder einzelnen Aufgabe gescheitert. Bestimmt ist selbst das, was ich geschrieben habe, noch falsch. Irgendwie schreibt die Groß aber auch alles so wirr auf – gar nicht so gut sortiert wie Tom! Das Ergebnis möchte ich gar nicht wissen ...

Mittwoch, 4.6.

Betti hat wieder einmal eine 1+ in Mathe nach Hause gebracht. Und Ma hat dafür einen Eisbecher für alle springen lassen. *Gott, warum muss ich so ein Loser sein?*

Donnerstag, 5.6.

Natürlich wollte Tom wissen, wie die Mathearbeit war. Und da ich ohnehin kein guter Lügner bin, habe ich ihm gesagt, dass ich sie vermutlich ziemlich verhauen habe. Er schüttelte seinen Kopf und meinte, wenn ich sie wiederhabe, will er sie gerne sehen. Falls die Lehrerin die Hefte einsammeln will, soll ich auf ihn verweisen. Na prima. Ansonsten frustrierter Sascha, der in Deutsch mal wieder eine Fünf geschrieben hat. Na, ich verstehe das ja nicht. Wie kann man in Deutsch Fünfen schreiben?

Freitag, 6.6.

In drei Wochen ist die Aufführung! Ich wollte ja wirklich keinen nervös machen, als ich das in der Jugendgruppe erwähnte. Tat ich aber trotzdem. Betti muss Johannes ständig vorsagen beim Text, Sascha improvisiert ohnehin andauernd. Benedikt gibt einen supercoolen David ab, bis er seinen langen Monolog hat – da gerät die ganze Sache etwas ins Stocken.

Christian stand da, und wenn er eine Comicfigur gewesen wäre, wäre er grün im Gesicht geworden. So nur rot. Er hat diverse Zusatzproben angekündigt. Mir soll es egal sein. Ich spiele nicht mit …

Trotzdem habe ich vorhin noch Ellen angerufen. Sie war ein bisschen verblüfft, mich an der Strippe zu haben, aber ich habe ihr gesagt, dass sie diejenige ist, die diese Aufführung noch retten kann. Sie und keine andere. Nämlich, indem sie die Souffleuse macht. Ellen will darüber nachdenken.

Samstag, 7.6.

Heute teilte Pa mir doch tatsächlich mit, er sei sich ganz sicher, die richtige Aufgabe für mich gefunden zu haben. Rasen mähen!

Nicht, dass ich schon jemals in meinem Leben einen Rasen gemäht hätte ...

Aber er beförderte mich mit sanfter Gewalt ins Gemeindehaus. Dort bekam ich so einen Mäher in die Hand gedrückt, mit Strippe und Motor und allem, und sollte damit den Rasen mähen. Erst wusste ich gar nicht, wie ich das Ding anbekam, dann hatte ich den Dreh doch heraus. Eine Bahn hin, eine Bahn zurück, und ich wanderte gemütlich hinter dem Teil her. Cooler Job. Dachte ich da noch.

Aber dann machte es plötzlich „zoom" und der Rasenmäher hörte auf zu mähen.

Ich versuchte ihn wieder zu starten, aber er wollte wohl nicht mehr. Jedenfalls war Schluss. Und Otfried kam angelaufen. Ich erklärte, der Strom sei weg, und Otfried stellte fest, dass ich das Kabel zerschnitten hatte beim Mähen. Zermäht sozusagen. Jetzt bin ich fürs Erste vom Mähen befreit ...

Sonntag, 8.6.

Gottesdienst. Pa lief mal wieder zu voller Form auf bei seiner Predigt. Es ging um Schuld, um Unverständnis, um dämliche Jünger und so weiter, und um Gottes große Vaterliebe zu ihnen. Als Beispiel musste Pa leider ausgerechnet mich anführen. Er erklärte, er habe ja nun eine sooo tüchtige Tochter (Reitabzeichen, Einser in der Schule und so weiter) und einen soooo untüchtigen Sohn (mich natürlich), und beide liebe er gleich.

Übrigens war mir Letzteres neu. Natürlich wusste ich, dass meine Eltern mich irgendwie mögen. Sonst würden sie es ja nicht mit mir aushalten. Aber genauso sehr wie meine Schwester? Hm ...

Das Peinliche an der Sache war natürlich, dass mich hinterher so ungefähr jedes Gemeindemitglied ansprach. Frau Hasenberg versicherte mir, sie möge mich auch, auch wenn ich für Altenbesuche nicht geeignet sei.

Herr Amberger meinte, es sei ein Zeichen seiner Christlichkeit, dass er mich in meiner Unzulänglichkeit immer akzeptiert habe.

Und Otfried wollte wissen, ob ich wirklich nicht wisse, wie ein Hohlraumdübel aussehe.

Hey, Gott! Warum muss immer ich als schlechtes Bei-

spiel dienen? Und – jetzt mal ganz im Vertrauen – magst du mich eigentlich?

Montag, 9.6.

Jippie! Ich habe eine Vier in Mathe wieder! Eine gute Vier sogar! Eine Vier Plus! *Danke, Gott, denn das warst ja doch du, oder?*

Dienstag, 10.6.

Tsss, habe mich heute in der Schule ein bisschen mit Cedric herumgeprügelt, weil der meinte, ich sei nur mit dem Mundwerk stark und enthalte sonst nur heiße Luft. Vermutlich hat er recht, denn er hatte mich schnell im Schwitzkasten. Und wenn nicht der Beckmann gekommen wäre, läge ich wohl jetzt noch am Boden ...

Mittwoch, 11.6.

Ich hasse alles! Ich bekomme Sechsen in Erdkunde, ich kann kein Heft ordentlich benutzen, ich stolpere über die Beine, die Cedric mir stellt, ich kichere, wenn der Beckmann mit dem Jackett am Stuhl hängen bleibt und bekomme dafür eine Strafarbeit.

Moni hat angerufen und gesagt, man habe sich überlegt,

ich sei vielleicht noch nicht reif für Altenbesuche, und ich solle die nächsten Wochen doch vielleicht besser aussetzen, bis ein Reifeprozess bei mir eingesetzt habe. Bin ich ein Camembert? Ich wüsste gerne, was Moni genau vorgebracht hat, denn in Echt war ja wohl sie es, die erklärt hat, sie gehe nie wieder mit mir irgendwohin. *Gott, tu etwas! Mach mich zum Helden!*

Donnerstag, 12.6.

Heute fragte mich Jens, was denn das für ein dämlicher Verein sei, der sich die Chance entgehen lasse, mich bei einem Theaterstück mitmachen zu lassen.

Ich sagte, es handele sich um die Jugendgruppe der Kirchengemeinde.

Jens starrte mich an und meinte, er habe mich schon immer für dämlich gehalten, aber das schlage jetzt alles.

Schon allein die Tatsache, dass Gott solche Loser wie mich bei sich dulde, zeige, dass man am besten von ihm fernbleibe.

Ich erklärte ihm böse, nein, die Tatsache, dass Gott solche Loser wie mich bei sich dulde, zeige, dass sogar Jens bei ihm eine Chance hätte.

Worauf der schwieg.

Freitag, 13.6.

Während die anderen heute probten – mit von mir geworbener Souffleuse Ellen – durfte ich mit Herrn Amberger das ausgesägte Zelt anmalen.

Wider Erwarten ohne größere Katastrophen. Na ja, ich hatte auf Ma's Vorschlag hin alte Klamotten angezogen, sodass es nichts ausmachte, dass ich hinterher aussah wie ein Malermeister.

Nachdem Herr Amberger eine Zeit lang meine Malkünste bewundert hatte, ließ er mich schließlich grundieren, weil ich das ‚so schön ungleichmäßig' mache, und fügte schließlich noch Feinheiten hinzu. Jetzt brauchen wir noch Kieselsteine für David.

Samstag, 14.6.

Ernstes Männergespräch unter vier Augen, wie Pa so etwas nennt. Er meint, ich müsse endlich einen Sinn im Leben finden.

Ich hasse solche Gespräche. Kann man nicht einfach mal Spaß haben? Über den Sinn des Lebens kann ich noch nachdenken, wenn ich so alt wie mein Vater bin. Oder soll ich etwa mit der Lupe suchen?

Sonntag, 15.6.

Heute bin ich in der Kirche mit dem Stuhl umgefallen, einfach so. Und das auch noch ausgerechnet, als Pa darum gebetet hatte, Gott möge uns zeigen, wenn irgendwo etwas schiefläuft.

Allgemeine Stille, keiner wagt zu atmen. Und ich falle mit dem Stuhl um. *Hey, Gott, warum muss so etwas immer mir passieren?*

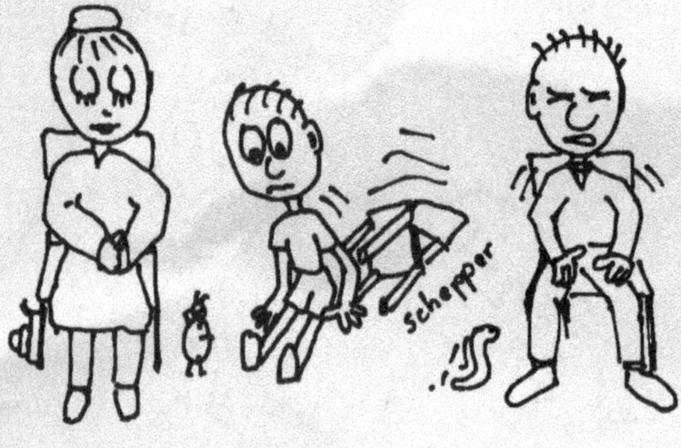

Montag, 16.6.

Pa kam heute schon wieder mit einer neuen Idee an. Er meinte, ich könne ja mal kochen helfen in der Gemeinde, zum Beispiel morgen, wenn die ehrenamtlichen Handwerker das neue Regalsystem aufbauen.

Na, besser als Regalsystem aufbauen wird es schon werden mit dem Kochen.

Mein Schwesterchen steht schon wieder in der Zeitung, weil sie in so einem Reitturnier gewonnen hat.

Ach, einmal in der Zeitung stehen ...

Dienstag, 17.6.

Katastrophe! Ich kam in die Gemeinde, wurde dort von Frau Hasenberg erwartet, die meinte, sie habe gehört, ich wolle kochen. Ich wollte erwidern, von „Wollen" könne keine

Rede sein, kam aber nicht zu Wort. Sie klatschte mir drei Tüten Nudeln und zwei Gläser Tomatensoße vor die Nase und meinte, sie habe gehört, ich hätte noch nicht so viel Übung. Dann war sie weg.

Und ich stand da mit dem Zeug, überlegte eine Weile, Ma anzurufen und zu fragen, was ich jetzt damit machen soll – aber das war mir dann zu peinlich. Schließlich versuchte ich es selber, was ein Fehler war. Aber hätte ich auch ahnen können, dass die Nudeln erst ins kochende Wasser kommen, und dass man Tomatensoße rühren muss?

Das Ergebnis war Nudelmatsch mit angebrannter Tomatensoße. Die Herren Handwerker gingen in die Gyrosbude. Immerhin luden sie mich auch ein. *Danke, Gott, für die Erfindung der Gyrosbude!*

Mittwoch, 18.6.

In der Schule gab es die üblichen Katastrophen. Mathe ist für mich nun einmal ein Buch mit sieben Siegeln, und diejenigen, die meinen, man könne Lateinvokabeln einfach so im Kopf behalten, sind entweder alle Superhirne oder haben es nie ausprobiert.

Sven vertritt die Ansicht, Superhirne seien weniger intelligent. Wir, die wir uns nichts merken könnten, würden dieses Defizit mit Intelligenz ausgleichen.

Ich fiel fast vom Stuhl, als er „wir" sagte. Aber vielleicht war es ja auch ein Versehen.

Zu Hause empfing mich Pa mit der Mitteilung, er bringe mir jetzt das Kochen bei.

Woraufhin er Wasser aufsetzte und in das kochende Wasser Nudeln hineinwarf, Tomatensoße in einen Topf tat und rührte.

Aber dann klingelte das Telefon, er redete und redete, und als er fertig geredet hatte, sahen seine Nudeln ähnlich aus wie meine, und der Soße ging es auch nicht mehr gut. Manchmal denke ich, ich weiß, von wem ich mein Loserdasein geerbt habe ...

Donnerstag, 19.6.

Heute hat Pa uns ein supertolles Menü gezaubert, mit drei Gängen. Tomaten-Rucola-Salat, dann kleine Steaks mit gegrillten Zucchinischeiben und Nudeln, anschließend Erdbeereisbecher. Die Blamage von gestern konnte er wohl nicht auf sich sitzen lassen.

Ich musste dann nur beim Abwasch helfen. Und dass ich die Teller habe fallen lassen, war einfach nur Pech ...

Freitag, 20.6.

Jugendgruppe. Alle sind wichtig, so schrecklich wichtig, eine Woche vor dem Wettbewerb. Nur ich, ich durfte noch mal an unserem Baum herumpinseln und dann mithelfen, die Aufstellvorrichtung anzubringen. Na prima.

Samstag, 21.6.

Samstag. Ich liebe Samstage. Ich würde sie noch mehr lieben, wenn ich nicht mit Ma in den Baumarkt müsste, um kleine, leuchtend weiße Kieselsteine und Zeltschnüre zu kaufen.

Sonntag, 22.6.

Pa hatte mal wieder so eine voll krasse Predigt drauf, über Paulus, der findet, dass jeder sich selber ernähren und fleißig arbeiten soll und so. Wie er selber auch immer die Zelte gemacht hat. Nur dumm, dass ich keine Zelte machen kann. Ich kann noch nicht einmal Zelte aufbauen ...

Montag, 23.6.

Jetzt sollen wir in Erdkunde wieder mal alle Vorträge halten. Über ein Thema unserer Wahl. Und dann noch in Gruppen. Nachdem sich zunächst wieder einmal keiner fand, der bei mir in die Gruppe wollte, grinste Jens plötzlich konspirativ und meinte, er arbeite mit mir zusammen – ich würde das Kind schon schaukeln. Ob er krank ist?

Dafür rief heute Nachmittag Frau Hasenberg an und sagte, das nächste Mal solle ich wieder mitkommen zum Altenbesuch. Die alte Frau Wagenschmidt hätte nach mir gefragt. Was soll ich nun davon halten?

Dienstag, 24.6.

Heute bei der Sonderprobe für das Theaterstück habe ich Moni gefragt, was die alte Frau Wagenschmidt von mir will. Moni zuckte mit den Schultern und meinte, das verstehe sie auch nicht. Sie habe eben gefragt, wo der nette, arme Junge sei, und ich sei doch nicht etwa krank oder so und ich komme doch hoffentlich das nächste Mal wieder mit. Komisch ...

Die Jugendgruppe will am Samstag auf dem Stadtsportfest als Mannschaft auftreten. Ich erklärte direkt, ich nutze der Mannschaft am meisten dadurch, dass ich der Veranstaltung fernbleibe, aber Christian erklärte, Pa habe ihn ausdrücklich darum gebeten, mich auch aufzustellen, und darum tue er dies – aus Christenpflicht. *Hey, Gott, kannst du Christian nicht etwas weniger pflichtbewusst machen?*

Mittwoch, 25.6.

Ma nahm mich vorhin beiseite und erklärte mir, ausnahmsweise wolle die Altenbesuchsgruppe ihre Besuchsaktion diesmal am Samstagnachmittag machen, damit die schauspielernden Mitglieder auch Zeit hätten. Sie habe für mich zugesagt. Einen kurzen, glücklichen Moment lang dachte ich, dadurch komme ich um die Sportmannschaft herum – aber beides lässt sich wunderbar kombinieren, wie Ma mir versicherte. Schade auch.

Interessanter war schon, was Ma noch meinte. Sie erklärte mir allen Ernstes, sie habe große Angst, ich bekomme mein Leben nicht in den Griff und werde so ein Loser – wie Pa. Wie Pa! Ach, du liebe Güte! Pa ist ein Loser? *Hey, Gott, was soll ich davon halten?*

Donnerstag, 26.6.

Nach der Nachhilfe in die Jugendgruppe. Dort war Theaterprobe. Langsam drehen alle am Rad. Otfried pinselte noch während der Probe an seinem Baum herum. Dann fehlten plötzlich die Kieselsteine, die Benedikt als David aufzusammeln hat. Und Ellen, die jetzt die Souffleuse gibt, hatte ihren Text verlegt.

Ansonsten klappte alles, denke ich, halbwegs gut. Ich meine: Wenn sie sich so schlagen, wird die Sache wenigstens keine Vollblamage.

Langsam bin ich froh, nicht mitspielen zu müssen.

Freitag, 27.6.

Wenn das gutgeht mit dem Theaterstück, ist dies ein typisches Beispiel dafür, dass Wunder in der heutigen Zeit noch existieren. Betti kann ihren Text, aber Johannes nicht. Sascha verheddert sich andauernd. Paul bekam total die Nerven und erklärte im letzten Moment, er könne Davids Bruder nicht spielen, weil er ein sündiger Mensch sei – was auch immer das damit zu tun hat. Jedenfalls heulte er herum und erklärte sich erst bereit, doch mitzuspielen, als Moni zusagte, den ganzen Abend über für ihn zu beten.

Und dann fiel noch in dem Moment, in dem David Michal begegnet, die Baumkulisse um. Platsch. Auf Bettis Fuß. Sie schrie auf, und natürlich wollten alle ihren Fuß verarzten. Na prima. Wenn Michal mit Gips auftritt, wird das Stück erst richtig lustig.

Zu allem anderen erkundigte sich mein lieber Sitznachbar Jens in der Schule ziemlich genau nach meinem Wochenende. Will er sich irgendwie über mich lustig machen?

Samstag, 28.6.

Was für ein Tag! Vormittags musste ich Ma dabei unterstützen, den Garten aufzuräumen, wie sie so etwas nennt. Die Terrasse schrubben, Schläuche aufwickeln und so weiter. Sie scheuchte mich wie einen Sklaven. Und hinterher hörte ich, wie sie zu Pa sagte, Kinder in meinem Alter seien noch keine wirkliche Hilfe, aber man müsse mich eben langsam heranführen.

Dann das Sportevent. Karlchen, Moni und Paul sausten hintereinander los, als es um das Laufen ging, und ich stolperte natürlich und verbrauchte damit den gesamten Vorsprung, den die anderen beiden erlaufen hatten. Wir wurden vorletzte. Die letzte Mannschaft hatte einen Mann zu wenig und war daher disqualifiziert worden.

Beim Weitsprung trat ich über die Linie, und beim Ballspiel durfte einer auf die Ersatzbank, wozu die Mannschaft einstimmig mich auserkor.

Als wir unsere Teilnehmerurkunden und jeder einen Luftballon in Empfang nahmen, grinste der Moderator und meinte, ob unsere Shirts, auf denen groß „Jesus liebt dich" drauf stand, uns geholfen hätten.

„Ja", knurrte Karlchen. „Ohne sein Shirt hätte ich Alfi erwürgt."

Ich wäre am liebsten im Fußboden versunken, aber noch nicht einmal das funktionierte.

Christian fuhr uns zur Gemeinde zurück, und ich machte, dass ich nach Hause kam. Erstens konnte ich das eisige Schweigen meiner Mannschaftskameraden nicht ertragen, zweitens musste ich mich mit dem Umziehen beeilen. Schließlich stand noch der Altenbesuch an.

Und tatsächlich stand Ma schon da und wedelte mit dem Autoschlüssel. „Wird's bald?", fragte sie. „Ich lasse Menschen ungern warten!" Und sie malte mir aus, wie Moni schon im Foyer des Heims stehen und auf mich warten würde, während alle anderen bereits zu ihren Leuten unterwegs waren.

Ich sprang also schnell unter die Dusche, zog mich wieder an, vor lauter Verwirrung das Jesus-T-Shirt noch mal, und ließ mich dann von Ma zum Altenheim fahren. Während der Fahrt erfreute sie mich mit lehrreichen Ausführungen darüber, wie viele Minuten wir bereits über die Zeit waren.

„Kann ich was dafür?", maulte ich. „Pa wollte unbedingt, dass ich bei dieser Sportsache mitmache." Aber sie hörte mir gar nicht zu.

Vor dem Altenheim ließ Ma mich aus dem Auto. Natürlich war der Großteil der Gruppe schon verschwunden. Nur Frau Hasenberg stand herum. Ich sah mich suchend nach Moni um. Frau Hasenberg sah mich an und meinte: „Es tut mir leid, Alfi, aber Moni kann heute kurzfristig nicht. Schaffst du es alleine? Oder soll ich Bescheid geben, dass du nicht kommst?"

Ich dachte daran, dass die alte Frau mich unbedingt hatte sehen wollen, und darum sagte ich zu. Tapfer, wie ich nun einmal bin.

Frau Hasenberg ging zu ihrem alten Herrn. Und ich stand da. Ich wusste nämlich die Zimmernummer von Frau Wagenschmidt nicht. Zuerst lief ich hinter Frau Hasenberg her, doch die war schon hinter irgendeiner der vielen vollkommen gleich aussehenden Türen verschwunden. Na klasse. Ich wollte zurück zur Rezeption, doch ich fand den Weg nicht. Endlich erbarmte sich eine alte Dame mit Rollator über mich und fragte mich, ob ich mich verirrt hätte. Ich nickte kleinlaut. Sie kicherte und erklärte mir, das sei ihr am Anfang auch oft passiert. Dann fragte sie, wohin ich wollte. Ich sagte: „Zur Rezeption."

Sie ging mit kleinen Trippelschritten mit ihrem Rollator los und sagte, das sei ganz einfach, und ich solle nur hinter ihr hergehen.

Dabei plauderte sie die ganze Zeit über das Wetter und die schlechte Beschilderung im Heim. Irgendwann fragte sie, was ich eigentlich bei der Rezeption wolle.

Ich antwortete, ich suche das Zimmer von Frau Wagenschmidt.

Da kicherte sie schon wieder und meinte, das hätte ich ihr besser eher gesagt, denn sie sei mit Frau Wagenschmidt befreundet, und sie könne mir das Zimmer zeigen, und ob ich der nette Junge sei, der sich letztens verletzt habe. Mir blieb es nur, zu nicken, mit ihr kehrt zu machen und ihr weiter zuzuhören.

Nachdem wir auf die Art eine Weile weiter durch die Gänge spaziert waren, hielt sie plötzlich vor einer Tür, zwinkerte mir verschwörerisch zu, klopfte an, öffnete bereits im selben Moment die Tür und trippelte in das Zimmer hinein, auf Frau Wagenschmidt zu, die dort bereits in ihrem Lehnstuhl saß und wartete.

„Elisabeth", zwitscherte sie fröhlich, „sieh mal, wen ich dir da bringe! Der junge Mann hatte sich verlaufen, genau wie ich früher immer, und er hätte dich nie gefunden, wenn ich ihn nicht aufgesammelt hätte. Du musst ihn erst einmal ein bisschen zurechtbringen, fürchte ich, er ist ganz fertig!"

Damit nickte sie mir noch einmal zu und verschwand. Und ich stand ein wenig dämlich in Frau Wagendschmidts Zimmer herum. Die alte Frau strahlte mich jedoch an und begann dann sofort, mich mit einem Redeschwall zuzudecken, dass sie so froh sei, dass es mir wieder gut gehe, und was die Verletzung mache, und wie es mir gehe, und dass es nichts ausmache, dass ich zu spät komme, und sie habe Plätzchen für mich und so weiter. Ich aß Plätzchen und hörte ihr zu und wusste nicht so recht, was ich sagen sollte. Schließlich erklärte sie, mein Leibchen sei so passend. Ich wusste erst nicht, was ein Leibchen ist, aber sie sah entzückt auf mein T-Shirt und erklärte, ja, Jesus liebe eben jeden.

Ich war etwas genervt, weil ich jetzt erst bemerkte, dass ich das Sportshirt wieder angezogen hatte, und knurrte, ja, das möge ja sein, aber eben keine Loser.

Frau Wagenschmidt wollte wissen, was ein Loser sei, sie habe nur Französisch in der Schule gelernt und kein Englisch.

Ich erklärte ihr, ein Loser sei so jemand wie ich, dem nichts gelinge, immer alles schiefgehe und der überhaupt nichts könne.

Frau Wagenschmidt klatschte und lachte und meinte, gerade solche liebe Jesus am meisten.

Und dann erzählte sie mir von Petrus, der so furchtbar angab und Jesus dann dreimal verleugnete, von Mose, der am Dornbusch behauptete, er könne einfach nicht reden, und von Zacharias, der dem Engel nicht glauben wollte. „Alles Loser!", behauptete sie, und wenn man es so betrachtet, hatte sie ja recht. Jedenfalls war es ein cooler Nachmittag mit ziemlich viel Keksen und ziemlich viel Gelächter, und ich fühle mich jetzt richtig gut. Frau Wagenschmidt meinte, ich solle immer kommen, es sei so schön, nützlich zu sein. Und ich denke, ich werde sie weiter besuchen. Es ist nämlich cool, nützlich zu sein. *Aber noch ganz kurz eine Frage, Gott: Liebst du wirklich Loser?*

Sonntag, 29.6.

Die Aufführung. Die Aufführung an sich. Und ich ... oh Mann ... ich glaube, ich schildere die Sache von vorne. Auch, wenn das auf einen ziemlichen Roman hinausläuft.

Schon der Morgen fing aufregend an. Die gesamte Jugendgruppe war im Gottesdienst versammelt, und Pa ging in seiner Predigt mehrfach darauf ein, dass wir heute einen so wichtigen Auftritt hätten, und wie viel Mühe wir gehabt hätten, und dass er Gott um seinen Segen bittet, und dass es auch nicht schlimm ist, wenn wir nicht Erster werden.

Ich hatte irgendwie das dumpfe Gefühl, dass es doch ein bisschen schlimm sei, wenn wir auch nicht Zweiter würden, aber das sagte ich natürlich niemandem.

Die Jungs und Mädels waren allesamt ziemlich aufgeregt, Paul erklärte, ihm sei schlecht, Sascha fragte mich die ganze Zeit über, ob ich meine, dass er den Text bis heute Nachmittag behält, und ich sagte, ja klar behalte er ihn.

Christian rannte herum und sagte allen, dass sie ganz toll seien und bestimmt Erste würden, aber das sei total egal, dabeisein sei alles. Und sie sollten nicht aufgeregt sein, er selber sei auch nicht aufgeregt. Was eine Lüge war.

Überhaupt schaffte er es selber, durch seine nervöse Art auch die verrückt zu machen, die vorher noch ruhig gewesen waren.

Nur Betti stand halbwegs lässig herum, und als ich sie fragte, ob sie sich nicht aufrege – immerhin spielte sie die Michal und damit die einzige weibliche größere Rolle –, meinte sie achselzuckend, schlimmer als ein Reitturnier sei die ganze Sache nicht.

Na ja. Wir fuhren dann gar nicht nach Hause, sondern Frau Hasenberg kochte Unmengen an Nudeln mit

Hackfleischsoße, die wir alle restlos vertilgten. Nach dem dritten Teller war ich eigentlich wirklich satt, aber es war natürlich meine Christenpflicht, Frau Hasenberg zu zeigen, dass ihre Soße gut war, und darum nahm ich noch mal nach. Dann konnte ich aber wirklich nicht mehr, und, wie gesagt, das Essen war auch restlos vertilgt.

Wir fuhren in mehreren Autos hinüber in die Stadthalle, wo schon ein mittleres Chaos herrschte, weil sich natürlich diverse Theatergruppen dort aufhielten, durcheinanderschwirrten, nervös auf- und abliefen, Mädchen kicherten, Jungen stumm litten oder sich prügelten, Erwachsene ihre Schützlinge herumscheuchten und dazwischen Eltern nach ihren Sitzplätzen suchten.

Christian beschwor uns, ruhig zu bleiben, zusammenzubleiben und uns überhaupt zu benehmen, bevor er entschwand und nicht mehr zurückkehrte.

Na ja, irgendwann kehrte er natürlich doch zurück, aber das dauerte. Das dauerte so lange, dass Markus und Cedric zwischendurch Zeit hatten, mit ein paar Mädels zu flirten, die in grandiosen Schmetterlingskostümen im Gang herumstanden, dass Frau Hasenberg lamentierend durch die Gänge rauschen konnte, weil sie einen Raum suchte, in dem sie die Darsteller schminken konnte, dass Betti nach einem Gespräch mit ein paar anderen Mädels die Neuigkeiten des Tages verbreiten konnte, nämlich, dass die Gruppe der Paulusgemeinde überragend sei, dass wir keine Chance hätten, und dass es um das Thema ‚Mensch' ging.

Mensch? Ich war etwas verwundert. Ich hatte gedacht, es gehe um Helden. Aber ich dachte mir, vielleicht hätte ich irgendetwas nicht mitbekommen. Schließlich war ich kein Darsteller, sondern nur Kulissenschieber.

Zum Thema Kulissenschieber fiel mir ein, dass es eigentlich ganz produktiv wäre, mal herauszufinden, wohin wir mit unseren Kulissen sollten. Ich horchte mich ein wenig um, sah in ein paar Gänge hinein und kam schließlich zu dem Schluss, ich sollte lieber einen Erwachsenen fragen. Christian, aber der war ja weg. Frau Hasenberg, aber die war ja ebenfalls entschwunden. Herr Amberger? Ich sprach ihn an, er meinte, er werde das klären, und entschwand ebenfalls. Na prima.

Ich stand zwischen den ganzen aufgeregten Darstellern und war in dem Moment fast froh, dass ich nicht auf die Bühne musste. Sie waren alle so aufgeregt! Nur Benedikt, der bekanntlich der David-Darsteller war, stand etwas bleich und still an die Wand gelehnt.

Ich gesellte mich zu ihm. Er starrte schweigend vor sich hin. Ich suchte verzweifelt nach einem Gesprächsthema.

Schließlich stellte ich einfach so in den Raum: „Das Mädel da hinten im gelben Kostüm sagt, wir haben ohnehin keine Chance. Die von der Paulusgemeinde sind ziemlich gut."

Benedikt ächzte auf und sagte sonst nichts.

Ich stand neben ihm wie bestellt und nicht abgeholt. Das Schweigen wurde unerträglich. Ich fragte mich, was ihn noch interessieren könnte. Schließlich fiel mir etwas ein. „Das Thema des Wettbewerbs ist gar nicht Helden, sondern Menschen", teilte ich ihm mit.

Benedikt starrte mich an, mit großen, aufgerissenen Augen. Dann stammelte er: „Ich muss mal raus." Und weg war er.

Ich muss schon sagen, ich wunderte mich etwas. Aber nicht lange. Denn jetzt kehrte Christian zurück, und der wusste, wohin wir mussten, und scheuchte uns durch die Gänge, hinter einem Herrn in Schiebermütze her. Dabei redete er die ganze Zeit über auf uns ein, dass wir uns beeilen sollten, weil nicht mehr viel Zeit sei, und dass wir total ruhig bleiben sollten.

Na ja, irgendwann hatten wir unseren Raum erreicht. Es war eine Art Umkleide. Die Schauspieler zogen sich nach und nach um und ließen sich von Frau Hasenberg schminken. Herr Amberger erschien, irgendwie hatte er unseren Raum gefunden. Er hatte eine Liste mit einem Zeitplan, den er Christian gab, und kassierte mich dann ein. Zu zweit brachten wir das gemalte Zelt und den Baum hinter die Bühne, dann die Kiste mit den Schwertern, der Schleuder und der Rüstung. Das war es. Wir waren fertig. Ich wollte mich noch ein wenig umsehen, aber Herr Amberger musste noch kurz das Mischpult ansehen, dafür konnte er mich nicht gebrauchen. Und dann liefen überall Leute herum, die alle wegscheuchten, die ihnen im Weg waren. Denn die erste Theatergruppe sollte in wenigen Minuten auftreten.

Bevor ich mich verdrückte, sah ich mich im Zuschauerraum um. Tatsächlich war er voller Zuschauer; vorne saßen ein paar Typen mit Fotokameras, von der Zeitung vermutlich. Wieder ärgerte ich mich, nicht auftreten zu dürfen. Aber dann kam so ein Typ und verscheuchte mich endgültig, also verdrückte ich mich zu den anderen. Natürlich verirrte ich mich in den unübersichtlichen Gängen, aber schließlich traf ich einen weiteren Typen, der mich zu unserer Umkleide brachte. „Da ist der verlorene Sohn", sagte er und schob mich in den Raum.

Alle sahen mich an. Dann platzte Paul heraus: „Was? Den brauchen wir doch gar nicht!"

Es stellte sich heraus, dass die Theatertruppe auf der Suche war. Nach Benedikt, ihrem Hauptdarsteller.

Na prima. Dagegen war ich natürlich eine unwichtige Niete. Der Loser eben. Ich dachte an das, was Frau Wagenschmidt gestern gesagt hatte. Gott liebt Loser.

„Wo habt ihr ihn denn zuletzt gesehen?", fragte Christian eindringlich.

Eine Durchsage, die durch unseren Raum dröhnte, teilte

uns mit, dass Gruppe sechs demnächst fertig sei und Gruppe acht sich hinter der Bühne einfinden möge.

Alle lauschten nervös, bis das Gedröhne und Geknatter beendet war, dann wiederholte Christian seine Frage.

Wir überlegten alle und kamen schließlich zu dem Schluss, dass er im Eingang des Gebäudes gestanden hatte. Danach hatte ihn wohl keiner mehr gesehen.

„Er ist abgehauen", stöhnte meine Schwester. „Der Typ hat einfach keine Nerven!"

„Wie sollen wir ohne ihn spielen?" Marie weinte fast.

„Hat er denn niemandem gesagt, wohin er geht?", fragte Christian verzweifelt.

Doch, das fiel mir jetzt ein. Er hatte gesagt, er müsse mal. Ich sagte Christian, was ich wusste, und der schüttelte den Kopf. „So lange kann keiner auf der Toilette zubringen. Wahrscheinlich hat er sich verirrt."

Unser Gespräch wurde unterbrochen von der nächsten Durchsage. „Nur noch drei Gruppen", stöhnte Christian. „Dann sind wir dran."

Sascha bot sich an, nach Benedikt zu suchen. Er habe einen unheimlich guten Orientierungssinn. Was ich ihm glaubte. Aber Christian meinte, Sascha könne er unmöglich auch noch entbehren.

Markus meinte mit feinem Grinsen, wenn man keinen

David habe, nütze einem auch Goliath nichts, woraufhin Christian schon wieder aufstöhnte. Er sah langsam wirklich aus, als sei er nahe am Nervenzusammenbruch.

Um ihn etwas zu beruhigen, bot ich mich an, Benedikt zu suchen. Christian sah mich außerordentlich dankbar an und sagte, er mache währenddessen mit den anderen eine Gebetsrunde, damit ich Benedikt auch finde.

Prima, dachte ich. Sie sollten lieber eine Gebetsrunde machen, damit sie ihr Theaterstück ohne David hinbekommen. Aber ich schluckte die Bemerkung lieber hinunter. Die Jungs und Mädels sahen eh so fertig aus.

Stattdessen meinte ich, ich sei nicht sicher, dass ich nun noch Kulissen schieben könne.

Christian bemerkte, Kulissen schieben könne Herr Amberger auch alleine. David sei nötig, sonst niemand.

Na prima. So kam also auch dies ans Tageslicht. Aber es war nicht der richtige Moment, um zu diskutieren.

Ich lief also los, schloss die Tür möglichst leise hinter mir und machte, dass ich durch die Gänge kam.

Bald hatte ich den Eingang wieder gefunden, obwohl das Ganggewirr wirklich etwas verwirrend war. Aber wohin mochte Benedikt nun gelaufen sein? Ich meinte mich zu erinnern, in welchem Gang er verschwunden war, und folgte dem vorsichtig.

Die nächste Durchsage ließ mich zusammenzucken. Ich stellte mir vor, wie es sein würde, wenn unsere Gruppe durchgesagt wurde und ohne David auftreten musste.

Leichte Panik überfiel mich. Und die anderen und ihre Gebetsgemeinschaft ... vielleicht half es ja. Ich beschloss, selber zu beten. *Ja, echt, Gott, erinnerst du dich?* Ich weiß gar nicht mehr was, kurz und knapp, so in dem Sinn ‚Mach doch bitte, dass ich Benedikt finde'. Ich war fertig, aber von Benedikt keine Spur. Immerhin fiel mein Blick ziemlich sofort auf ein Hinweisschild zu einem gewissen Örtchen. Ich folgte ihm, schließlich konnte sich Benedikt dort befinden. Was er auch tat. Ich konnte ihn deutlich schluchzen hören hinter der abgeschlossenen Tür.

„He, Benedikt, komm raus!", rief ich und klopfte an die Tür.

„Nein." Das war klar und deutlich.

„Bist du verrückt?", fragte ich böse. „Die anderen warten alle. Sie machen sogar eine Gebetsgemeinschaft. Wir sind gleich dran."

„Ich kann nicht. Wir blamieren uns total. Ich kann nicht. Und wir haben das falsche Thema."

„Blödsinn."

„Das Thema ist Mensch, nicht Held."

„Ein Held ist auch ein Mensch."

„Ich kann nicht."

Na prima. Am liebsten hätte ich den Jungen durchgeschüttelt, aber die Tür war ja zu. „Mach auf."

Die nächste Durchsage knatterte durch den Raum. Benedikt wimmerte auf.

Die Gebetsgemeinschaft fiel mir ein. *Gott, gib uns einen David!*

„Wir brauchen einen David!"

„Spiel du ihn doch!"

„Bist du verrückt?"

„Nein. Du musst ihn spielen, hörst du? Ich mache es jedenfalls nicht ..."

Gott, gib uns einen David!

Da kam die nächste Durchsage. Unsere Gruppe wurde aufgerufen. Ich hatte keine Wahl. Ich ließ Benedikt stehen, wo er war, raste in unsere Umkleide zurück, fand keinen mehr vor, lief zur Bühne, die ich ja immerhin mit Herrn Amberger von hinten gesehen hatte. Markus hatte schon angefangen zu sprechen. Nur Christian stand händeringend hinter der Bühne. „Wo ist die Schleuder?", zischte ich ihm zu.

Er nahm sie auf. „Was willst du damit?"

„Gib her!" Ich befestigte das Teil am Gürtel meiner Jeans

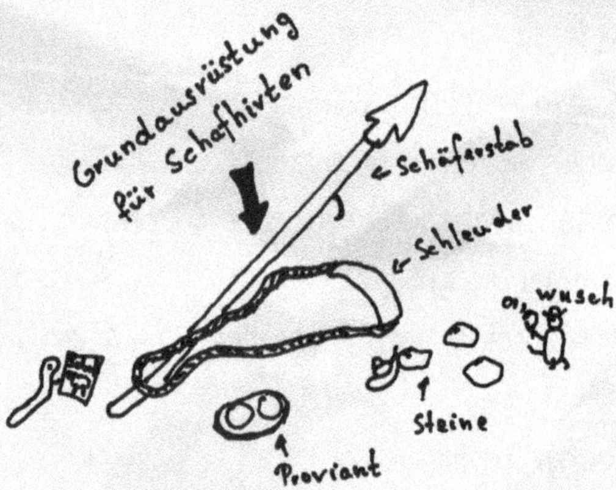

„Pfui über euch, Volk Israel!", verkündete Sascha oben gerade mit lauter Stimme. Er machte seine Sache wirklich gut.

Ich konnte die anderen ängstlich murmeln hören. Die Stimme meiner Schwester erklärte, die Soldaten seien alle Feiglinge, dass sie vor diesem Typen Angst hätten.

Markus, der den Saul spielte, sagte: „Seht ihr, wie weit es mit uns kam? Er drohet uns mit starkem Arm!"

„Auftritt David!", hörte ich Ellen zischen.

Bitte, Gott, hilf mir jetzt, dachte ich nur noch. Dann trat ich auf die Bühne.

An den aufgerissenen Augen der anderen sah ich, dass sie von meinem Auftritt ... nun ja ... überrascht waren. Was ja eigentlich kein Wunder war.

Mühsam beherrscht quetschte Markus sein „Wen suchest du, du junger Knab? Hier geht's ums Ganze! Hau besser ab!" hervor.

„Ja, äh", sagte ich, und ich merkte, wie meine Stimme wackelte, „ich suche also meine Brüder. Die sollen hier Dienst tun. Und ich habe ihnen etwas zu futtern mitgebracht."

Ellen, die Souffleuse, zischte mir irgend so ein gereimtes Zeug zu, aber irgendwie hatte ich keine Lust darauf. Ich schüttelte den Kopf.

Marie als Davids Bruder Abinadab deklamierte los: „Wir stehen hier und sind entehrt, weil keiner diesem Lästerer wehrt!"

Es folgte Denise als Soldat: „Deine Brüder stehen dort, doch mache dich fort von diesem Ort!"

Dann schrie Sascha wieder: „Feige fürchtet jeder ein Duell! Pfui über euch, Volk Israel!"

Ich schüttelte den Kopf. „Was macht der Typ denn?", fragte ich. „Geht's dem noch gut?"

Marie gab planmäßig Auskunft: „So lästert und schimpft er Tag für Tag, du Kleiner haust jetzt besser ab."

„Und warum tut ihr nichts dagegen? Ihr seid doch Soldaten! Könnt ihr ihm nicht einen Scheitel ziehen?"

Paul, der Davids Bruder Eliab spielte, sah mich wütend

an. „Kannst du nicht in Reimen reden?", zischte er. Und dann: „Wo ist eigentlich Benedikt?"

„Auf dem Klo", flüsterte ich zurück. Und dann etwas lauter: „Ich kann keine Reime. Ich bin schließlich ein Mensch, keine Reimmaschine."

Ich versuchte, mich vom Kichern aus dem Zuschauerraum nicht irritieren zu lassen. „So, wird's jetzt? Oder muss ich mir den Typen selber vornehmen?"

Markus, der ja immerhin Saul darstellte, schien ein bisschen geistesgegenwärtiger als Paul zu sein, denn er begann einfach seinen Text: „Bist du so mutig, wie du sprichst, sieh zu, dass du den Riesen besiegst. Ich gebe dir meine Rüstung und Schwert – dann bist du sicher und wohl bewehrt."

„Okay", sagte ich, „dann schmeiß mal diese Rüstung her."

Wieder kicherte das Publikum leise. Mir begann diese Sache langsam Spaß zu machen.

Cedric, der den Jonathan darstellte, stotterte seinen Text daher: „Du kommst daher, wie es mir gefällt. Willst du ... willst du ... meine Rüstung haben ... tapfrer ... tapfrer ... tapfrer Held?"

Gemeinsam versuchten sie mir die Plastikrüstung anzulegen. Nun bin ich ein ganzes Stück kleiner und schmächtiger als Benedikt. Das Zeug hing an mir wie an einer Vogelscheuche, denke ich mal.

Nun kam der Auftritt meiner Schwester Betti, die bekanntlich die Michal darstellte, Sauls Tochter und Davids erste Frau. Sie sah mich an und begann spontan umzudichten: „Wer bist du denn, du kleiner Wicht? Die Rüstung, nein, die passt dir nicht."

Sie war gut, das muss ich sagen.

„Hey, Mädel", sagte ich zu ihr. „Ich find dich auch prima. Hast du heute Abend Zeit, dann können wir uns mal treffen!"

Kichern.

Betti: „Ich gebe zu, du gefällst mir sehr. Doch fälle erst den Feind mit dem Schwert."

Na ja, ich erklärte dann, diese Rüstung könnte ich echt nicht tragen, und ich nehme lieber meine Schleuder als das Schwert.

Dann sammelte ich auf der Bühne die bereitgelegten Kiesel auf.

Sascha baute sich vor mir auf und rief sein „Was willst du, du erbärmlicher Wicht! Ich stehe hier und verhöhne dich!"

Ich sah ihn abschätzend an. Und mir wurde klar, wie aussichtslos Davids Sache eigentlich war. Wie im echten Leben. Ob das den Zuschauern auch klar war?

„David, du schaffst das!", rief Betti-Michal.

„Und wenn nicht?", fragte ich etwas kläglich zurück. „Der Typ hat dieses riesige Schwert. Und er kann mich in einer Hand zerquetschen."

„Einer muss es machen, kleiner Held! Geh du hin und rette die Welt!", rief Betti.

„Mach nicht so ein Affentheater", zischte Klaus.

Ich sah zu Sascha hinüber. Er wiederholte seinen Ruf, vielleicht dachte er, ich hätte den Anschluss verloren.

„Na, dann, Gott: Hilf mir!", sagte ich, tat so, als ob ich zielte und schoss.

Sascha fiel bühnenreif um, mit lautem Klirren und allem.

Das Volk Israel fing weisungsgemäß an zu jubeln.

Paul aber, der Darsteller von Davids Bruder Eliab, stellte sich hin und sagte: „Du bist ein Idiot. Das bist du immer gewesen. Du hast aus David einen absoluten Loser gemacht. So wie du ist doch kein Held."

Ich war sprachlos. Wirklich. Kommt bei mir nicht so oft vor, aber für einen Moment war ich es.

Betti war es, die zuerst die Sprache wiederfand. „Lass den Jungen", sagte sie laut und deutlich, als gehöre die Performance zum Theaterstück. „Der ist genau richtig. Ihr mit euren Versen und dem ganzen steifen Zeug, ihr habt ja noch nicht einmal den Riesen platt bekommen. Er ist kein Loser. So."

Kein Loser? Das war mein Stichwort. Ich begann zu reden, als sei das abgesprochen. „Doch", sagte ich. „Ich bin ein Loser. Und was für einer. Ja und? Gott liebt Loser. Er liebt David, der bestimmt Angst hatte vor seinem Kampf mit dem Riesen. Er liebte Petrus, der so großmäulig war und hinterher gekniffen hat. Und er liebte Jona, der sich lieber verdrückt hat, als seinen Auftrag auszuführen. Jeder von uns ist mal ein Loser – aber eben manchmal auch ein Held. Gott liebt Loser."

Atemloses Schweigen herrschte. Auf der Bühne, weil keiner wusste, was er sagen sollte. Im Publikum – ich weiß nicht.

Ich stand kurz und wusste selber nicht, was ich nun tun sollte. Dann verbeugte ich mich einfach.

Das Publikum begann zu applaudieren. Als ich Sascha hochzog und mich mit ihm zusammen verbeugte, schwoll der Applaus noch an. Ja, wir wurden mit Applaus überschüttet.

Die ganze Zeit über hatte ich echt nicht ins Publikum gesehen, aber jetzt tat ich es doch. Meine Eltern hockten dort, eine kleine Gruppe von Fans aus unserer Gemeinde, die klatschten und klatschten.

Durch besonders heftiges Klatschen und Pfeifen tat sich aber noch eine andere Gruppe hervor. Da hockten doch tatsächlich Jens, Cedric und Ansgar aus meiner Klasse, klatschten und pfiffen, was das Zeug hielt. Jens hielt ein Plakat in die Höhe, auf dem stand: „Alfi vor!"

Die Jungs fingen mich hinterher ab und erklärten, sie hätten von Anfang an gewusst, dass ich nicht nur Kulissen schieben würde. Hmmm ...

Zur anschließenden Feier konnte ich sogar Benedikt bewegen, vom Klo zu kommen.

Bleibt zu erwähnen, dass wir gewonnen haben. Ein bisschen auch wegen mir. Hm. Manchmal ist es gar nicht so schlimm, ein Loser zu sein.

Loser
Winner
klatsch
Alfi vor!
Wow
klatsch
jubel